Hollywood dreams that did not come true after 30years of struggle, and how am I going to keep believing

Answer- continue to dream

Table of Contents

Struggle

A . Years of Struggle

Hollywood sign,

I came to Los angeles in 1991, to become a star. I knew I didn't have much money ,not to mention ,a place to stay. Nevertheless, I wanted to be the next W.Axl Rose, or lets say the next big rock star that make it in west

Hollywood. The problem was, I never really made it in west Hollywood or Hollywood itself. I had spent the first year,homeless , sleeping in other people's houses. I lived briefly in skid row, one of the worst places to live in Los angeles.

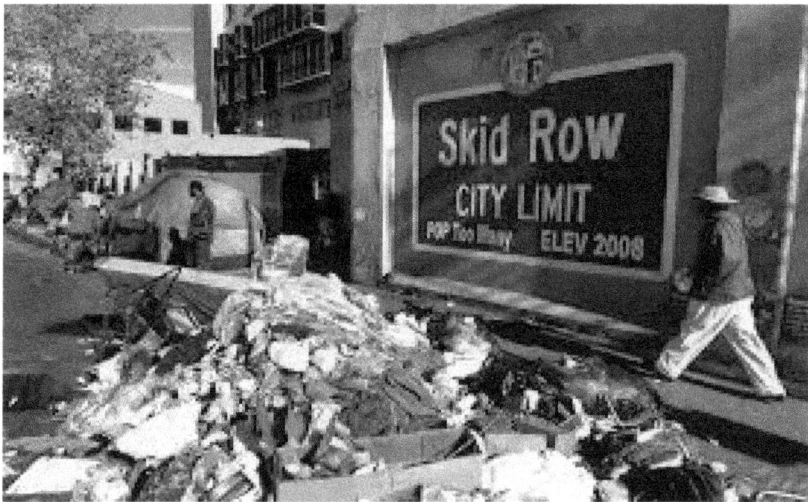

Skid row in Downtown Los angeles

I nevertheless stayed in the skid row area for a month or so ,then I went back to New York City by greyhound in April 1991 . I came back to Los angeles a month or two later in June 1991 and through travelers aid , I ended in Hollywood,at the convenant house of teenage homeless and runaways.

convenant house

I was there for two months and I wanted to move to some part of

Hollywood and focus on my developing my talents as a singer, songwriter. Meeting others there was great and then not so great. Coming from a troubled background, I had trouble fitting in. I nevertheless was told

by convenant officials
to go to a place I had
know intentions of
going to

SAN
FERNANDO
VALLEY

San Fernando Valley

I did not want to go to the sfv because I came to be a star in Hollywood and living in Hollywood city and area was the place to be. Destiny took a different turn, when I look back on it now. It may be one of the reasons why my Hollywood dreams did not happen when I was younger.

Bummer!!!!!!

Homelessness took it toll. Moving into other people's homes was painful. I tried to concentrate on developing my talents by hiring a music teacher to help me sing and songwriting was was hard to do at first.It Happened because I written so many lyrics on paper,and then I began to arrange the lyrics and develop a melody so that I can sing them . Some people recognize this gift more than my singing but my singing is more important to me than songwriting because singing out the melody and lyrics I write helps create the vision for the songs that I eventually make.

1.Rejections by the Hollywood industry and making demos.

I started making demos in 1992 ,and the result were sad melancholy rock and pop songs that were reminisce of the grunge era. The

Hollywood record companies, the little ones ,especially , rejected my music several times that whole year. I started to develop a scar from the rejections and I dealt with it by eating too much,gaining weight and facing more and more obstacles.

 I did eventually sing at nightclubs with my songs in 1991,1992, 19931994 1995,1996, 1997 ,1998 ,1999 2000 2001, 2002 2003 20042005 2006-2007,-

2019 and including release of cds, radio shows Including little clubs in west Hollywood, I joined bands only to see them fall apart after a day or a week. I had trouble finding jobs,and I was a lost soul. I was persistent and despite getting put down ,laughed at , spat at . I held my spirits high because I was going to survive.

Did you think I'd lay down and die?

Oh no, not I. I will survive

B. The decade of doing something else ,sort of

I tried really hard to make my dreams come true but after 15-16 years of broken bands, rejections and no lucky breaks. I decided to concentrate on school, I went back to college to get my bachelors degree in 2001. I had been in LA in and out since 1991. I wanted to be a star before 1991 in upstate NY . Now it was a time to take a break. College , was not my lucky break to success despite getting the diploma. I had trouble fitting in the real life word of reality I could not get hired for the jobs I really wanted and the jobs I got , I get laid off for being too " unique". The fantasy world did not work out and now the reality

world has not worked
out , my heart and soul
was crushed !

crushed

Still during this lost
decade of doing
schooling and doing
jobs that made me feel

like a door mat. I still release cds, sang in front of people periodically then I just suddenly stop because after 20 years of struggling to make it in the Hollywood music business. I have not gotten anywhere and I do not have much to show for what I have done.

C . reflection. Pain, scars but I know I must continue to dream

Now after nearly 30
years, of rejections,
people stealing my
songs by sampling
,licensing ,
compliations, release of
songs, MY dreams DID

NOT COME TRUE< what a tragedy so far,but my optimism is for me to continue to dream despite the pain and scars of going for that Hollywood dream that has become elusive.

Libros por Paul J. Bucknell

¡Permitiendo a la Biblia hablar a nuestras vidas hoy!

+ Superando la Ansiedad: Encontrando la paz, Descubriendo a Dios
+ Llegando más allá de la mediocridad: Siendo un Vencedor
+ El Núcleo de la Vida
+ El Hombre de Dios: Cuando Dios Toca la Vida de un Hombre
+ La Redención a través de las Escrituras
+ Orígenes Divinos para la Familia
+ Principios y Prácticas de Crianza Bíblica
+ Construyendo un Buen Matrimonio
+ Manual de Consejería Prematrimonial para Consejeros
+ Discipulado Relacional: Entrenamiento Cruzado
+ Corriendo la Carrera: La superación de la Lujuria
+ Génesis: El libro de las Fundaciones
+ El Libro de Romanos: El Comentario Viviente
+ El Libro de Romanos: Preguntas de Estudio Bíblico
+ Preguntas de Estudio Bíblico para el Libro de Efesios
+ Caminando con Jesús: Morando en Cristo
+ Estudios Bíblicos Inductivos en Tito
+ Preguntas de Estudio Bíblico de 1 Pedro
+ Tome Su Siguiente Paso al Ministerio
+ Entrenamiento de Líderes para el Ministerio
+ Guía de estudio para Jonás: Comprendiendo el Corazón de Dios

➡ Compruebe estos y nuestros recursos multimedia-enriquecidos en www.foundationsforfreedom.net

El Núcleo de la Vida

El Núcleo de la Vida

Descubriendo el Corazón del Gran Entrenamiento

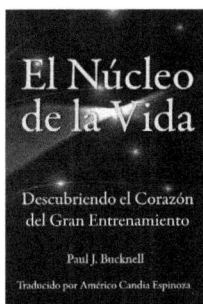

Paul J. Bucknell

Traducido por Américo Candia Espinoza

El Núcleo de la Vida: Descubriendo el Corazón del Gran
Entrenamiento

Introducción

El desafío es asombroso-hacer discípulos de todas las naciones. La iglesia se ha extendido por todo el mundo, pero pocas iglesias desesperadamente saben lo que es el discipulado, o si es así, cómo hacer discípulos. La iglesia sufre como resultado. La idea sigue siendo en gran parte fuera del campo de visión porque el concepto todavía no se ha comprometido en nuestros corazones.

La situación está empeorando rápidamente debido al incesante bombardeo de imágenes y sonidos que soportamos diariamente debido a la sobreestimulación de los medios de comunicación. A la incredulidad sigue la insatisfacción. En lugar de decirle a los demás de lo que Dios ha hecho por ellos, los creyentes se preguntan con razón por qué Dios no ha hecho más en sus vidas.

Piense en un globo. Sin aire, es amorfo, carece de movimiento y la capacidad para proporcionar diversión. De manera similar, un cometa sin un marco descansa sobre el suelo, incluso si el viento está soplando. Un marco es necesario para hacer volar el cometa muy alto en el cielo.

Sin Cristo y Su maravillosa obra en nuestras vidas, nuestros cuerpos son como flores que florecen un día y se desvanecen al siguiente. Es sólo la Palabra Poderosa de Dios por medio de su Espíritu que se arremolina en nuestros seres produciendo nueva vida y dando forma espiritual, poder y propósito (1 Pedro 1:24-25). Oh, que pudiéramos recordar que sin

Cristo no somos nada, pero con Él, Él puede y acrecentará su gracia maravillosa trabajando en y a través de nuestras vidas.

El Núcleo de la Vida identifica la causa subyacente a la presente crisis en la iglesia cristiana y propone soluciones prácticas, centrándose en la integración de la vida de Dios en el corazón de la iglesia a través de la adecuada capacitación en el liderazgo. El pueblo de Dios necesita insistir en que sus iglesias, seminarios, escuelas y líderes presenten el poder de la verdad de Dios para transformar sus vidas, empoderarlas y capacitarlas para guiar a otros para el entrenamiento de la vida.

El pueblo de Dios necesita volver a despertar a los propósitos de Dios poderosos, espirituales en sus vidas. Efesios 4:12-16 nos llama a buscar una iglesia levantada en gloria aquí en la tierra. Este libro puede ayudarnos a comprender no sólo lo que el entrenamiento cristiano es, ya sea en la iglesia o en las escuelas, informal o formal, de cómo se vean sino también cómo alcanzar esos objetivos. La última sección principal tiene algunos capítulos sobre la aplicación de los principios básicos de el Núcleo de la Vida en contextos especializados como la iglesia, seminarios y escuelas cristianas.

Los puntos de estudio, versículos para meditar y preguntas de aplicación que acompañan a cada capítulo. Dos gráficos significativos del desarrollo espiritual se encuentran en el apéndice. Haga la mayoría de ellos!

El Núcleo de la Vida tiene un material de enseñanza de audio/vídeo.

Iniciando el Crecimiento Espiritual en la Iglesia comparte acerca del corazón del discipulado y cómo prácticamente fomenta el crecimiento en las distintas etapas de la vida espiritual, para usted mismo y para otros. Esto se encuentra en el D1 de la Biblioteca

(*BFF Discipulado #1 Digital*) Library.

Deja que la verdad florezca y el pueblo de Dios sea revivido! La realización de nuestra misión como la iglesia puede lograrse, pero requiere una comprensión más clara de cómo los cristianos crecen en su fe. Esta puede ser la generación que no sólo testifica grandes ganancias en cuanto a conocimientos y tecnología, pero una que conoce profundamente al Señor y pasa este mismo conocimiento, alegría y pasión a otros.

2012, actualizado el 2014
Rev. Paul J. Bucknell

Tabla de Contenidos

La Fuente de Vida y Entrenamiento

Apéndices #1-4

La Fuente de la Vida

Capítulos 1-8

#1
Una Historia de Éxito

Una nube oscura de fracaso se ha asentado sobre la iglesia cristiana. Es lo suficientemente malo tener una cultura que agresivamente oprima la libertad cristiana para expresar su vida y culto, pero el compromiso a la vida moral está desgastándose. Los pastores y creyentes se están divorciando, siendo teñidos con la pornografía, apuestas, y el coqueteo con el mundo.

Peor aún, el fundamento de la familia se está rompiendo. Nuestro amor de niños por el Señor se está desvaneciendo. Algo está obviamente drásticamente mal en la iglesia cuando las estadísticas muestran una gran mayoría de nuestros jóvenes que han crecido en nuestras iglesias están dejando al Señor y a la iglesia.

Los peligros nos acechan a todos nosotros. Dudo más que es necesario que se aclare desde que la decadencia de la iglesia es tan evidente. Un espíritu de derrota está extendiendo a toda la tierra. Cuando viene a nosotros, nos sentimos rendirnos. A veces, incluso nos preguntamos si las verdades, a las que nos hemos dedicado son realmente ciertas y veraces.

¿Qué se puede hacer?

Una de las mejores maneras de combater esta tentaciones malas es de retornar a la base bíblica. ¿Qué más podemos decir? Que si Dios está a nuestro favor, nadie podrá estar en contra de nosotros. (Romanos 8:31) Dios realmente está con nosotros.

El Antiguo Testamento tiene muchas historias exitosas. No son como las historias típicas de éxito que muestran la habilidad del hombre. Ellas en cambio pintan un cuadro del hombre en su hora oscura enfrentando la horrible derrota. Solo en ese punto la Biblia hace muestra de cómo Dios interviene y rescata maravillosamente a aquellos que llaman a Su Nombre.

Estas historias verdaderas nos recuerdan de las verdades inalterables. Nosotros, asimismo, aún en este tiempo malo, podemos depender de la fuerza extraordinaria de Dios y ver Su provisión. Tal vez no sepamos lo que Dios está haciendo en todo, pero sabemos cómo El desea trabajar en nuestras vidas en el presente tiempo. El Señor desea fortalecernos para completar su trabajo que Él nos ha comisionado.

Cuanto más nos recuerde el poder de la vida interior, más se sentirá la fuerza de Dios dentro. No necesitaremos para cazar después los recursos para enfrentar la situación. Él quiere ser el Único que confiemos. La Palabra de Dios nos recuerda que él está de nuestro lado. Sería un verdadero impulso para nuestra vida espiritual si supiéramos y creyéramos que esto es todo lo que es realmente necesario. Dios nos ha hecho triunfar, "cuando llegue el día malo, puedan resistir hasta el fin y permanecer firmes" (Efesios 6:13). El pueblo de Dios puede mantenerse firme, porque Dios no está en el menos preocupado por el enemigo. Tampoco tendremos que preocuparnos.

Nuestro mayor peligro

Dios, como un río fuerte, constantemente nos jala a un crecimiento más grande. Nuestro mayor peligro es permitir que nuestra balsa flote al borde del río y salir.

Los cristianos debemos permanecer atentos y conectados. Luchamos por hacernos constantemente conscientes de las verdades de Dios, de modo que puedan guiarnos a través de la agitación de la vida, incluso cuando las tentaciones vienen a nuestra puerta trasera con sus diabólicas sugerencias.

No hay ningún poder o fuerza mayor de Dios que puede frustrar sus buenos propósitos. Si estamos con él, o más acertadamente expuesto-si Él está con nosotros, entonces podemos lograr todo lo que el Señor quiere hacer a través de nuestras vidas. Podemos tomar esas decisiones para confiar en Él, incluso en los peores conflictos afirmando lo que Él dice es cierto y, a continuación, confiando en Él.

Cuando llegamos a ser cada vez más conscientes de Dios de su constante, poderosa y actividad relevante en nuestras vidas, vamos a crecer en nuestra confianza en Él y encontraremos cómo Su increíble paz mantiene nuestros corazones durante tiempos tumultuosos. Esta toma de conciencia y la garantía de la presencia de Dios se convierte en una fuerza poderosa en nuestras vidas.

Lección

- La guerra está ganada. Dios ganó. Tenemos que recordar constantemente el poder de Dios y poner nuestra confianza en Él.

- El Señor nos quiere empoderar al igual que José, Daniel, Jesús, para que podamos, como ellos, mantenernos cerca de Dios para que Él pueda cumplir su voluntad a través de nuestras vidas.

Memorizar y Meditar

- Romanos 8:31
- Efesios 6:13

Asignación

➡ ¿Estas espiritualmente herido? ¿En qué áreas sientes derrota? Lista los que primero vienen a la mente.

✦

✦

✦

✦

➡ Si se ha salido de la balsa de la Fe Cristiana, dígale al Señor que lo siente, confesando sus dudas, reclamando el perdón, volviendo, y continuando el descenso por el río.

➡ Orar en voz alta ahora (o anótelo) que cueste lo que cueste, usted va a permanecer en la lucha- incluso cuando la lucha se hace difícil. Alábele a Él por ser el vencedor y Su deseo de acompañarnos incluso en las circunstancias más desesperadas para traer gloria a Su Nombre.

#2
Recuentos de Perspectiva

La perspectiva se forma de la manera en que pensamos, enfocamos las dificultades de la vida y tratamos de resolver los problemas.

Nuestra perspectiva puede ayudarnos o lastimarnos, dependiendo de cuan bíblica sea. Por ejemplo, el mundo se ve muy diferente desde el espacio que en la tierra. Es el mismo mundo pero un diferente mirador.

Perspectivas bíblicas proporcionan una cuadrícula exacta a través de la cual se ve el mundo. Cuanto más nuestros conceptos sean, abrazaremos falaces suposiciones, que obstaculizan nuestro desarrollo espiritual a ser más como Cristo y para llevar a cabo Sus buenas obras.

Debería ser obvio para la iglesia que ha embriagado con falsas perspectivas cuando ya no vive piadosamente, una fe vivaz. Una iglesia débil y comportamientos impíos revelan nuestra fe caída en Cristo. Al mismo tiempo demuestra que poseemos una gran fe y confianza en algo más (es decir, ídolos).

El mundo está invadiendo el corazón y hogar a través de la tecnología moderna. Esta generación es, en muchos casos, sin saberlo, persuadida por recursos infames en todas sus formas, ya sea música, vídeo, literatura, etc. La inmoralidad del mundo está amenazando nuestro bienestar porque estamos sin saberlo adoptando la mentalidad del mundo. Ya no podemos mantener nuestro Hogar Cristiano o iglesia protegida del mal si invitamos a ella.

Haciendo decisiones importantes

La iglesia es muy similar a la de una nación en una guerra civil. Estamos obligados a capacitar a nuestros niños, aunque detestamos, tomar partido y luchar. Nosotros, la iglesia, o bien vamos a formar a nuestros hijos a ser fuertes espiritualmente, o van a sucumbir a las fuerzas circundantes, muy parecido a Israel que tuvo que resistir a las naciones vecinas.

La Iglesia cristiana en todo el mundo sufre el mismo problema. Esta revolución está invadiendo cada país y cultura con la conectividad en línea. Acabo de regresar del entrenamiento de pastores y líderes cristianos en una pequeña ciudad en el sur de Malawi. ¿Adivinen qué he descubierto? Los jóvenes fueron navegando por la web con teléfonos inteligentes. Son tan pobres, sin embargo, la influencia del mundo salta por encima de las fronteras y la pobreza para dar forma a sus mentes.

La invasión ha llegado. La necesidad de afinar nuestro conocimiento bíblico y compromiso es urgente, porque el mundo con todo su alarde, la arrogancia y el falso pensamiento invade nuestras mentes.

Incluso si queremos despertar la iglesia al peligro, ¿esto soluciona el problema? No. Perspectivas arraigadas mueren difícilmente. Es difícil admitir la locura de nuestros errores, pero todo junto, el Señor ha venido proporcionando lo que necesitábamos para luchar y ganar. Los creyentes, sin embargo, al igual que un hombre que tiene una espada por primera vez, han sido totalmente ineficaces para demostrar Su Palabra.

El cambio está llegando

El cambio debe venir. Llegará, pero esperemos que no por seguir la esclavitud a los caminos del mundo. Debemos discernir las verdades de Dios y viajar a victoria por la capacitación de otros en justicia.

Por favor no sea confundido- no estamos hablando de nuevas verdades, pero la confiada Palabra de Dios. "Las palabras de Dios son todas puras;
Dios es el escudo de quienes en él confían." (Proverbs 30:5). Nada ha cambiado.

Nuestras vulnerabilidades están siendo reveladas. La oscuridad está invadiendo la iglesia. Ahora es el momento de volver a una mentalidad bíblica. Nuestra perspectiva de la Educación Cristiana, se ha convertido en la mayor parte de los casos, demasiado influenciada por los métodos del mundo. Los graduados de los seminarios y Escuelas Cristianas no están siendo capacitados correctamente, y se muestra en su vida comprometida y su ministerio ineficaz en las iglesias.

Perspectivas de Dios

Necesitamos la perspectiva de Dios sobre nuestras circunstancias. ¿Qué vemos? Dios ha dado a la Iglesia todo lo que necesita para crecer fuerte y vibrante, ya sea en Occidente o en Oriente. Él lo ha hecho de manera que Su pueblo pueda reflejar la semejanza de Cristo en su carácter, fe y celo para llevar a cabo nuestro trabajo del Padre.

> "Toda autoridad me ha sido dada en el cielo y en la tierra." (Mateo 28:16-17).

Cuando lo vieron, lo adoraron; pero algunos dudaban.

Jesús se acercó entonces a ellos y les dijo: --Se me ha dado toda autoridad en el cielo y en la tierra. (Mateo 28 :17-18)

Dios ha prometido darnos todo lo que necesitamos justo como le dio a los israelitas la autoridad para conquistar la Tierra Prometida. Jesucristo tiene la autoridad. ¿Creemos o dudamos de la Palabra de Dios?

Lección

- La iglesia en todo el mundo está en una situación peligrosa debido a la creciente influencia del mundo en nuestras mentes y vidas.
- La iglesia se encuentra en una tierra de oportunidades para salir de sus viejas pieles y adoptar toda la gloria de la verdad de Dios para sí mismos y para aquellos alrededor del mundo.

Memorizar y Meditar

- Proverbios 30:5
- Mateo 28:16-17

Asignación

➡ Piensas que la iglesia, teniendo la verdad de Dios juntamente con sus promesas y presencia, puede vencer lo que amenaza a la iglesia? O tú, como los discípulos de antaño, tienes alguna duda? Si es así, que dudas?

➡ Piensa específicamente acerca de tus circunstancias; marca los lugares que Victoria como también derrota.

✦ Vidas personales

✦ Trabajo

✦ Familia y hogar

✦ Ministerio

✦ Otro

#3
El Cambio Debe Venir

Los cambios nos hacen incómodos así que tendemos a resistirlos. Un profesor de Biblia se quejaban de que su escuela está obligando a todos los profesores a usar computadoras! Este cambio es menor, sin embargo, en comparación con los auténticos desafíos de la iglesia; su supervivencia pende de un hilo.

Crecer o morir. Ser victorioso o sufrir la derrota. Estas son nuestras opciones. Todo alrededor de nosotros las iglesias se están desvaneciendo. Al mismo tiempo solía ser que las iglesias liberales fueron muriendo, pero ahora es incluso las iglesias evangélicas. ¿Cómo puede ser esto? El mundo exterior se asume erróneamente que el mensaje es irrelevante e impotente, pero podemos culparlos? Una vez que la iglesia deja a un lado su fe en Jesús, se vuelve irrelevante. Su poder está perdido.

La red de entrenamiento, ha acelerado el asalto lanzando gigabytes de datos a nosotros, los deslumbrando nuestros ojos y mentes. ¿Dios ha abierto este cúmulo de conocimientos para acelerar la distribución de Su verdad? Por supuesto que Él tiene, pero al mismo tiempo el enemigo está utilizando estas mismas herramientas para sus planes diabólicos.

No deberíamos sentirnos abrumados, sin embargo. Dios está allí para ayudarnos a batallar contra el enemigo, no importa qué armas el enemigo escoja para pelear. Aunque los medios de luchar de Satanás contra el pueblo de Dios pueden cambiar, sus tácticas siguen siendo las mismas. La habilidad de Dios para ayudar a su pueblo se mantiene firme.

La participación oculta de Dios

Aunque la iglesia primitiva estaba desparramada, corriendo en todas direcciones, mucho como las hormigas tratando con un hormiguero aplastado, Dios estaba todavía con cada uno de ellos, nunca dejándolos de su lado. "Los que habían sido dispersados por la persecución que se desató por causa de Esteban..." (Hechos 11:19),

¿Dios estaba mirando a través de la iglesia? Ciertamente Él era. Él utilizó este período de opresión para propagar más rápidamente Su Palabra a través de la Iglesia y, por tanto, difundir Su verdad. La persecución sirvió en Sus mayores propósitos.

¿Qué podemos encontrar en Hechos 13? Una iglesia, parcialmente compuesta de aquellos discípulos esparcidos, que fue formada y lista para la misión de Dios en el mundo. "En la iglesia de Antioquía... Como ellos servían al Señor y ayunaban siempre" (Hechos 13:1-3).

Algunos del pueblo de Dios se enfrentan sutil o abiertamente a la persecución como en Hechos 13. Uno de mis amigos pastores en un país del sur de Asia tiene insinuaciones regularmente, redactadas en amenazas a su vida, para detener la distribución de folletos.

Sin embargo, otros se enfrentan a amenazas de irrelevancia. La iglesia continúa con las mismas actividades que antes, pero no llevan la misma influencia. Incluso los juegos de béisbol de la pequeña liga mantiene al pueblo de Dios lejos de la adoración!

Buscando soluciones

Hay una tendencia a hacer nuestros servicios de culto más cortos. Decimos que es para los buscadores, pero en el fondo a la gente de Dios le gusta también. Conseguimos ir a casa antes y hacer lo que queremos. Pocos son los que gastan incluso diez minutos de sus muchas horas de tiempo libre para orar. La emoción de la Palabra de Dios se ha ido porque ya no vemos cómo nos ayuda en nuestras vidas.

Nada ha cambiado realmente, sin embargo. La Palabra de Dios puede hablar poderosamente a cualquier generación y cualquier cultura o religión en el mundo, incluyendo la mente post-moderna. Nuestros viejos métodos de alimentación y mantenimiento de las iglesias son inadecuados para la invasión del pensamiento mundano que ha llegado al pueblo de Dios.

La pregunta es, "¿Cómo vamos a cambiar las cosas?" Un nuevo programa? Estudios avanzados? Todo esto es demasiado tarde y demasiado lento. Ya el pueblo de Dios en todo el mundo están sufriendo de la falta de poder de la verdad brillando en sus vidas en peligro.

Eche un vistazo al matrimonio promedio. Podemos ver el amor de Dios, el cuidado y la armonía allí? Entreno pastores alrededor del mundo e incluso celebro el matrimonio de capacitación para ellos. Pastores y ovejas, la misma historia. Muchos tienen matrimonios horrible y se enfrentan a problemas serios.

Identificar el problema subyacente

He visto el Espíritu de Dios poderosamente guardar grandes grupos de personas de diferentes culturas, pero las siguientes generaciones son más objetivas y rechazan los problemas de odio e ira que no están debidamente eliminadas por el amor de Dios trabajando en sus padres. Terminan menospreciando lo que se les ha enseñado. Este es el rechazo generacional que está vivo donde la verdad de Cristo ha ido pero no adoptado completamente (Jueces 1:2-3).

Aunque casi en contra de los milagros y la sanación, buscando tener otra ola de ellos no va a llevarnos a donde tenemos que estar. He sido testigo de cómo muchos líderes fuertes eran maravillosamente guardados o ayudados por Dios a través de algunos medios especiales, pero esto no significa, en muchos casos, ayudarles a relacionar adecuadamente a sus esposas.

Necesitamos ir más allá de encontrar ayuda para un área de nuestras vidas para ser el pueblo de Dios fuerte y puro, es decir, personas en las que cada área de nuestras vidas son tocadas por la presencia santa de Dios.

Estos problemas se han perpetuado por la capacitación que están teniendo lugar en iglesias y Escuelas Cristianas. Han carecido de una metodología general para conectar a la gente con el simple, poderoso evangelio de Cristo.

La incredulidad es nuestro problema subyacente. Nuestras experiencias personales tienden a dar forma a nuestras perspectivas. Debido a nuestra falla para vivir una vida cristiana completa, podemos perder la confianza y la esperanza en la Palabra de Dios. La incredulidad crece. La tolerancia de estándares más bajos y menores expectativas pasan sobre los hombros de esta incredulidad.

Es necesario cambiar

Debemos cambiar o ser más absorbidas en el mundo. Nuevos programas ofrecen algún cambio, pero son superficiales, descuidando a enfrentarse a los problemas fundamentales. Los mismos problemas continúan.

Aplaudimos a aquellos pastores, maestros y evangelistas que trabajan más duro. Piensan que si ellos sólo hablan más fuerte o generan más emoción de amor, el pueblo de Dios será ayudado. Esto no funciona.

Otras alternativas de entretener como cambio de iglesias, denominaciones, o incluso probar las religiones Orientales, TM, yoga, etc. Están esperando que estas cosas van a ofrecer lo que están buscando. No, porque estas cosas se alejan de la fuente de la vida, Jesús, el Cristo.

El camino de vuelta a casa

Debemos regresar a Él. El arrepentimiento es nuestro camino de regreso a Dios.

> "Por tanto, para que sean borrados sus pecados, arrepiéntanse y vuélvanse a Dios, a fin de que vengan tiempos de descanso de parte del Señor, enviándoles el Mesías que ya había sido preparado para ustedes, el cual es Jesús" (Hechos 3:19-20).

Pero no vamos a hacer esta otra metodología-agitando a la gente a hacer un gesto de cambio en lugar de provocar el necesario cambio hacia adentro.

Los despertares son debido al arrepentimiento genuino que está teniendo lugar en muchos corazones en el mismo momento y lugar. Son estos cambios individuales que son realmente necesarios para cambiar la dirección general de nuestra cultura. No piense en una ola mansa en el océano retenida por una leve pendiente en la costa, pero un tsunami que rompe a través de nuestro enfoque tradicional de tiempo marcado en nuestras vidas "cristianas".

Aunque la cantidad de sacrificios ofrecidos fue impresionante, la re-dedicación del templo sólo se convirtió en una celebración extraordinaria debido en gran parte a la oración de Salomón en el nombre del pueblo de Dios.

Necesitamos un corazón que nos lleve de nuevo al altar donde oramos como Salomón,

> Si mi pueblo..., se humilla y ora, y me busca y abandona su mala conducta, yo lo escucharé desde el cielo, perdonaré su pecado y restauraré su tierra (2Crónicas 7:14).

No hay otro camino. Siempre debemos volver al altar donde se puede encontrar el perdón. No importa cuán mal están las cosas, si la plaga, hambre, o incluso en cautiverio, si Israel se volviera hacia el altar, Dios escucharía y sanaría. Bajo el nuevo pacto, nuestro altar es Cristo Jesús que puede perdonar y desea restaurarnos.

Los problemas que la Iglesia afronta en esta generación no son pequeños. No estamos tratando de minimizar con versículos de la Biblia. En su lugar, estamos utilizando la poca fe que tenemos que comenzar a abrir nuestros corazones para llevarnos a donde podemos volver a captar la perspectiva de Dios sobre lo que debe hacerse.

Dios no tiene miedo de esta explosión de conocimiento. Él está utilizando! Su plan es no vacilar bajo el ataque de Satanás. El Señor se sienta en el cielo y se ríe de sus enemigos (Salmo 2). Necesitamos preparar nuestros corazones para lo que Dios quiere, humillando nuestros corazones, viniendo al Señor en nuestras rodillas y confesando nuestra incredulidad; nosotros simplemente no creemos que el evangelio es pertinente y lo suficientemente poderoso para hoy.

Si nos llegamos a Él, entonces Él vendrá y nos mostrará cómo la iglesia puede enfrentar poderosamente la oscuridad en el mundo con Su luz.

Lección

- Dios usa los ataques contra la iglesia, presionando en una esquina, para que así rompamos nuestras viejas perspectivas y descubrir de nuevo el poder de Sus gloriosas verdades.
- El verdadero problema que enfrenta la iglesia es la incredulidad.
- El cambio empieza por volvernos a Dios, humillando nuestros corazones y confesando nuestros pecados.
- El pueblo de Dios debe actuar o perder terreno frente a nuestros enemigos.

Memorizar y Meditar

- 2 Crónicas 7:14
- 2 Crónicas 6-7
- Nehemías 1 (Ver video).[1]

---

[1] http://www.foundationsforfreedom.net/References/OT/Historical/Nehemiah/Nehemiah01_Prayers_Video.html

Asignación

➡ ¿Está destruido por el pecado dentro y alrededor tuyo, o usted solamente acepta como la manera en que las cosas suceden para ser?

➡ Como Nehemías, venga al altar de Dios, no sólo por sus pecados de un descarriado corazón y ojos, sino también por cómo el pueblo de Dios innecesariamente ha discurrido en la derrota y desesperación en lugar de vivir en el pleno poder del Señor.

#4

La Expresión Gloriosa de la Vida

La vida es un maravilloso misterio que mantiene los secretos más grandes del mundo. Todos sabemos lo que es la vida física, pero sólo podemos definirlo por observación: se mueve, respira, crece, se reproduce, come, etc. Aunque aplaudimos los logros de la humanidad en mapear nuestro ADN, estamos todavía en la oscuridad cuando se trata de explicar la naturaleza de la vida.

La vida espiritual es un tema que los cristianos a menudo hablan, pero la realidad es que estamos sofocados por la ignorancia. Afortunadamente, tenemos las claves escriturales que necesitamos para desbloquear su potencial efecto en nuestras vidas.

Analogías de la vida

Los autores bíblicos y Juan en particular fueron sorprendidos por símbolos, tales como la luz, el amor y la vida. Las importantes verdades espirituales que Dios quería comunicarnos tienen analogías en la creación física de este mundo.

De estos tres, la vida es la más fundamental. Juan dijo, "En Él estaba la vida, y la vida era la luz de la humanidad." (Juan 1:4).

Juan estaba hablando, por supuesto, acerca de Jesús. Jesús tenía vida y esta vida trajo la comprensión y claridad a la humanidad.

Esta noción básica de la vida es fundamental para conseguir una buena comprensión del discipulado. Cuanto más nos aferramos al concepto de vida, más fácil podemos acoplarnos al significado de otras verdades. La vida es el marco en el que todas las demás verdades se sostienen.

Nueva vida describe el principio de la vida espiritual. Cuando buscamos la salvación, muchos de nosotros, incluyéndome a mí, buscó la vida eterna como un escape del juicio de Dios. No teníamos ni idea de las consecuencias de esa salvación. Por supuesto, si pensamos en ella, nos gustaría saber que la vida debe tener un comienzo. Esto es a menudo enseñada por la necesidad de ser nacido de nuevo, pero en raras ocasiones, se nos enseña cómo se desarrolla esta vida espiritual.

La vida es un marco en el que todas las demás verdades pueden sostenerse.

Las clases de teología incluyen la enseñanza de santidad y la santificación (temas muy importantes sin duda), pero se presentan más en términos de conceptos en lugar de los pasos prácticos para la vida espiritual. Tanto es así, que a pesar de que muchos pueden describir lo que es la santificación, pocos pueden explicar cómo la vida espiritual puede ser adquirida.

Nuestra propia ignorancia e incapacidad para crecer en nuestra relación con Dios es sólo una parte del problema. Estas cosas también están siendo ignoradas o están siendo mal enseñadas. Lo que no sabemos no podemos enseñar a otros.

Ocultos a la vista

Los líderes de la Iglesia han estado contentos para envolver estos tesoros de la verdad de tal manera que sólo los seminaristas y teólogos puedan entender. Esto es contrario a cómo Jesucristo usó nuestras experiencias cotidianas para comunicar verdades importantes de la vida para nosotros.

Estas verdades vitales, entonces, se convierten en inaprensibles, excepto para aquellos que aman los libros de teología. Esto es interesante porque parece que los teólogos a menudo se tornan más fríos y hostiles a estas enseñanzas. Quizás están ocultas a su vista?

En cualquier caso, la gente de Dios sentada en sus bancas o esteras, dependiendo donde adoran, aunque hayan amado conocer a Dios, en su mayor parte permanecen ignorantes de cómo prácticamente crecer en su relación especial con Dios. Algunas son inconscientes, incluso a los que tienen una relación personal con Dios. Preciosas verdades son encerradas, fuera de su alcance.

Afortunadamente, ha habido algunos movimientos que se han centrado en el crecimiento espiritual, tales como el Movimiento de Keswick, pero estos son muy limitados. También podríamos pensar en los poderosos avivamientos que han cambiado radicalmente al pueblo de Dios, donde Él abrió sus corazones y sus mentes a sus verdades. Sin embargo, me pregunto si hubo más énfasis en la experiencia comparada a la instrucción- ellos no necesitaban aprender a entrar en la presencia de Dios, Él estaba allí en su radiante gloria. Ellos fácilmente lo sentían.

Ha habido mucha discusión de dones y sanaciones. Son importantes para la iglesia de Dios y para algunos son verdades "cubiertas", pero son apenas el foco central de la iglesia, al menos no debiera ser así. Aunque el crecimiento espiritual viene a través del crecimiento de la fe de los milagros, esto es para un número minoritario del pueblo de Dios para establecer una fe básica que conduzca al crecimiento espiritual, pero no son los medios típicos que Dios usa para la mayoría de Su pueblo. Con ellas se confirma la obra de Cristo en nosotros, no para convertirse en nuestro todo en todos.

Dios tiene mayores objetivos para los milagros. Ellos son sólo un comienzo. Por ejemplo, aunque uno puede ser sanado de una lesión en la espalda y encontrar a Cristo, él todavía necesita aprender a controlar su ira por el poder del Espíritu Santo. La sanación hizo su corazón abierto, pero no es el mismo que el de la capacidad de controlar su lengua cuando está enfadado (Efesios 4:16-29). Si no aprende cómo el Espíritu le puede ayudar con esto, entonces él va a reñir a su esposa y, posiblemente, llevar a cabo con un espíritu dominante en la iglesia.

Disciplinas espirituales

El Desarrollo Cristiano ha hecho mejor cuando se enfatiza las Disciplinas Cristianas asociadas con el Crecimiento Cristiano, pero a veces el foco está demasiado en metodología, que aunque importante, podría llevarnos a perder su propósito final. Alguna vez se ha felicitado a usted mismo que oraba o leía la Biblia ese día, pero parecía que no aportaba mucho a la renovación de su vida? En este caso, el ritual reemplazó la renovación necesaria.

Alentar a los creyentes a crecer es mucho como decirles que llegarán a su destino si se mantienen solo conduciendo. En el comienzo, están muy emocionados acerca de entrar en el coche y comenzar el viaje. Pero poco a poco, después de conducir y no haber alcanzado su objetivo, comienzan a perder el foco y preguntar, "¿Por qué estoy haciendo esto?"

¿Por qué no podemos enseñaries?

Capacitación y educación cristiana han hecho muy poco en la identificación donde los creyentes están yendo y cómo llegar allí (y no me refiero al cielo). El Señor hizo estas verdades fundamentales tan sencillas y transmisibles. ¿Por qué la iglesia es tan ineficaz en pasarlos? La iglesia se retuerce en la ignorancia innecesaria y a propósito, a pesar de que la Palabra de Dios puede ser fácilmente leída y estudiada.

Es hora de que no sólo aprendamos, sino transmitir lo que es tan importante para tener una completa y abundante vida cristiana. Jesús dijo en Juan 10:10 "yo he venido para que tengan vida, y para que la tengan en abundancia." Pedro dijo,

Él mismo llevó en su cuerpo nuestros pecados al madero, para que nosotros, muertos ya al pecado, vivamos para la justicia. Por sus heridas fueron ustedes sanados (1 Pedro 2:24).

Lección

- Dios quiere que entendamos estas verdades y, por tanto, construirlas en Su creación.

- Jesús y los escritores de su escritura utilizaron analogías incluyendo el término "vida" para ayudarnos a captar y entender verdades importantes para nuestra Vida Cristiana.

- La iglesia como un todo realmente nunca ha captado este concepto de la vida y su propósito.

- Las instituciones educativas cristianas han ocultado las verdades más importantes de sus estudiantes, paralizando no sólo sus vidas, pero consecuentemente mucho de la iglesia.

Memorizar y Meditar

- Juan 1:4
- Juan 10:10

Asignación

➡ Haga lo mejor para describir la vida espiritual y cómo uno crece espiritualmente.

➡ ¿Cuál es la meta de la vida cristiana? Sea tan específico como sea posible.

➡ ¿Puedes ver gente encontrar la abundancia de la vida cristiana en sus vidas? Explique su respuesta.

➡ ¿Qué problemas se han perpetuado a causa de la falta de claridad de la enseñanza sobre el desarrollo de la vida espiritual y en su plenitud? Explica por qué.

#5
El Empuje de la Vida

Lo simple es lo mejor! Una y otra vez se ha demostrado que la solución más sencilla es la mejor. Esto es cierto para la capacitación en el crecimiento espiritual también!

Dios ha infundido las más importantes verdades de la vida a través de principios que son fácilmente detectables en la creación. Esta es la razón por la que Jesús podía usar simples parábolas de la creación para describir lo contrario a lo confuso de las verdades espirituales. La creación, por ejemplo, ofrece un panorama muy claro de crecimiento espiritual. Aunque la vida espiritual es difícil de describir, debido a su naturaleza espiritual, sabemos muchas cosas acerca de su inicio y desarrollo.

Piense por un momento acerca de cómo vivimos realmente: ¿Alguna vez has visto a un padre que se levanta temprano todas las mañanas, se apresura al lado de su hijo y le dice, "Crece, crece, crece!"?

Eso sería ridículo, pero no porque no queremos que crezcan. Cualquier padre se preocupa si su niño no está creciendo adecuadamente. La razón por la que no hacemos esto es que sabemos que el crecimiento viene de forma natural, es decir, sin nuestra planificación, fomento o obsesiva preocupación. El crecimiento es parte de la vida. La vida sabe cómo desarrollarse y crecer por su propia cuenta.

Lo mismo ocurre con la vida espiritual. Una vez presente, uno puede ver fácilmente su autodeterminación para crecer. Nadie tiene que venir y decir a los cristianos, "Crece, crece, crece!" Esto no ayudaría al creyente a crecer, pero ciertamente podría confundirlos.

La presencia de la vida

El Espíritu de Dios está conectado a estas imágenes de la vida, porque el Espíritu es la vida. " pero el Espíritu vivifica.." (2 Corintios 3:6). "Aparece la Vida Espiritual en el creyente cuando el Espíritu Santo comienza la vida nueva" (Romanos 5:5)

Una vez que el Espíritu Santo viene a morar en el creyente, él o ella está establecida en un camino de desarrollo y expresión. Al igual que el crecimiento físico, el objetivo no es la afirmación de su existencia, pero el desarrollo de la madurez.

Cuando los creyentes se dan cuenta de esto, los temores acerca de su crecimiento espiritual pueden ser anulados. La presencia del Espíritu Santo en los creyentes es asegurarles que el poder para traer vida espiritual a la madurez está allí en su plenitud. En lugar de preocuparse de si pueden crecer debido al pasado o incluso fallas en el curso, pueden deleitarse en el propósito de Dios para hacerlas crecer y buscar formas para que Él logre Sus objetivos.

La fe sustituye a preocuparse. Previsión suplanta la falta de dirección. La emoción comienza cuando nos centramos en la obra de Dios que Él comenzó en nuestras vidas cuando fuimos salvados. Aquí es donde la renovación comienza- en el inicio de nuestra fe. Esto es cierto no sólo para el creyente, pero para la gente formadora de Dios. Los maestros también deben reconocer un poder sobrenatural de Dios y buscar el trabajo sobrenatural de Dios del en los creyentes.

Lo que Dios ha comenzado, Él va a continuar. Si Él nos ha dado vida nueva y, a continuación, que está destinada a crecer y desarrollarse durante nuestro tiempo en la tierra. "Estoy persuadido de que el que comenzó en ustedes la buena obra, la perfeccionará hasta el día de Jesucristo" (Filipenses 1:6).

Reflexiones sobre la vida espiritual

Debemos sacar algunas simples pero poderosas conclusiones de esto. Algunos se preguntan por qué los creyentes a menudo no están creciendo espiritualmente. El problema con el crecimiento espiritual no es generalmente su calidad. Al igual que en la vida física, estamos bien vivos o no. Una persona nunca dice "no estoy vivo lo suficiente", aunque problemas de salud podrían ciertamente afectar la calidad de vida.

Cuando uno ha sido verdaderamente nacido de nuevo, su vida espiritual está presente y llena de potencialidades, preparada para el crecimiento.

La vida espiritual es el mismo para todos. Sólo necesitamos asegurarnos de que la vida está presente y, a continuación, debemos tener confianza en que la vida buscará su pleno desarrollo, paso a paso. No existen distintas calidades o tipos de vida espiritual. No debemos llegar a la conclusión de que el pastor tiene una mejor calidad de vida espiritual intrínsecamente que nosotros.

Los cristianos pueden crecer a ritmos diferentes, pero esto no es debido al poder de la fuente de la vida. Existen otras razones para esto.

Lección

- Los creyentes no necesitan 'hacer' crecer así mismos como si fuera antinatural o infrecuente. Vida espiritual inherentemente busca crecer y madurar en las vidas de todos los creyentes genuinos.

- No hay distintos grados o calidades de la vida de Dios; Dios vive igualmente en cada creyente.

- La renovación comienza cuando nuestros corazones expresan su apreciación a Dios por Su deseo de vivir, crecer y trabajar en y a través de nuestras vidas físicas y espirituales.

Memorizar y Meditar

- Filipenses 1:6
- 2 Corintios 3:6

Asignación

➡ Sólo los creyentes genuinos son nacidos de nuevo (lo mismo como "nacidos de arriba"). ¿Está seguro de que es nacido de nuevo, es decir, sabe que en Dios encontró el perdón del pecado a través de la muerte de Jesucristo en la cruz? Explique.

➡ Dibuje un punto y escriba la fecha y la hora, en el mejor de los recuerdos, de cuando se convirtió en un creyente-cuando comenzó la vida espiritual en usted. A continuación, forme un rayo dibujando una flecha a la derecha. Esta flecha indica el crecimiento especialmente designado de Dios que quiere lograr en su vida.

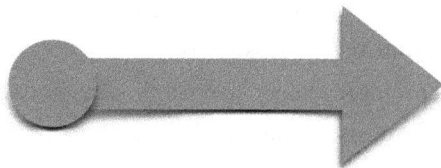

➡ Lea Efesios 1:13-14. Observe cómo el Espíritu Santo mora en cada creyente genuino. Agradezca al Señor por Su obra en usted.

#6
Signos de Vida Nueva

La vida espiritual, entonces, muy parecida a la vida física es una sutil pero poderosa fuerza inherente a todo creyente cristiano. Necesitamos asegurarnos que tengamos esa vida espiritual. Recuerde que Jesús nos advierte que existe una diferencia fundamental entre la cizaña y el trigo, o aquellos que no tienen una verdadera vida auténtica de Dios y aquellos que sí tienen (Mateo 13:24-30).

En los comienzos, esa diferencia es casi imposible de detectar. Supongo que esto es cierto con la vida física también, escondida en el vientre de la madre. Pero hay signos que podemos buscar, que confirman la presencia de vida. Un ecógrafo puede mostrar las características de un niño nonato y el movimiento dentro del útero, asegurando a una madre en espera de la salud de su hijo. Si esto es cierto en el útero, es indudablemente cierto fuera también.

Poco después del nacimiento de nuestros hijos, nuestra partera daría un test de Apgar al niño, midiendo su salud, examinando el color del bebé, la respiración, la frecuencia del pulso, reflejo y el tono muscular. Todos estos representan la presencia de vida.

En el mundo físico, describimos los movimientos de masas, como el agua o la atmósfera, en forma de corrientes o vientos-son tan grandes suficientemente que uno puede fácilmente sentir y ver. Podemos ver que las nubes se mueven alto, arriba o una hoja a la deriva, junto a la corriente del río.

Jesús compara el movimiento del Espíritu de Dios a ambos, el viento y el agua. En Juan 3 se refiere al viento, "El viento[b] sopla de donde quiere, y lo puedes oír; pero no sabes de dónde viene, ni a dónde va. Así es todo aquel que nace del Espíritu" (Juan 3:8).

En Juan 4, Jesús usa agua fluyendo para ayudarnos a comprender mejor la vida espiritual. "Pero el que beba del agua que yo le daré, no tendrá sed jamás. Más bien, el agua que yo le daré será en él una fuente de agua que fluya para vida eterna." (Juan 4:14).

Estas analogías captan ciertos conocimientos acerca de la fuerza inherente de la vida, cada vez que habla de la vida del majestuoso poder junto con su dirección. Jesús describió el Espíritu en Juan 3 sea similar al viento que sopla de tal o cual manera. La fuerza se centra en lugar de dispersarse, y así es con la vida espiritual-abundante y libre, pero muy decidida.

Expresiones de la obra del Espíritu

Juan 3:8 dice claramente que el creyente es "nacido del Espíritu." Su vida espiritual se identifica con la presencia del Espíritu de Dios. La vida espiritual, entonces, tendrá sus propios "signos de vida", que están completamente conectados a la presencia del Espíritu Santo. Aquí hay algunos signos de esta nueva vida generadas por el Espíritu.

- Un deseo por la Palabra de Dios

- Un anhelo de estar con otros cristianos creyentes
- El deseo de hablar con Dios (oración)
- La conciencia de los pecados de uno
- Necesidad de perdón a través de Jesucristo
- Un creciente afecto por Dios y Sus caminos
- Una conciencia por los demás y cuidar de sus necesidades

Esta lista podría continuar, pero hemos enumerado estos puntos para enfatizar que la nueva vida en Cristo se manifiesta así misma a través de algunos de los deseos básicos y conocimiento, como un bebé que acaba de nacer respira, se mueve, llora y tiene hambre.

Jesus dijo, "Produzcan frutos dignos de arrepentimiento" (Mateo 3:8). ¿Qué quiso decir? Jesús estaba diciendo simplemente que si profesaban vivir ante Dios, entonces debería haber signos de vida evidente en ellos. En este caso, serían conscientes de sus pecados y ser humillados por ellos, y en lugar de tratar a las personas erróneamente, ellos cuidarían de ellos. Hay muchos signos de vida nueva, algunos son más evidentes que otros, dependiendo de nuestras circunstancias. Estos deseos se derivan de la nueva vida nacidas por el Espíritu Santo en lo profundo de nuestros corazones. Ellos darán forma a nuestro pensamiento y comportamiento a medida que pasa el tiempo y por lo tanto hará que nuestro crecimiento espiritual sea evidente a los demás.

Leccións

- El viento y los ríos nos enseñan acerca de la presencia, el propósito y el poder del Espíritu Santo.
- Nueva vida proviene de la presencia del Espíritu en nuestra alma.
- La vida espiritual, al igual que la vida física, revela su autenticidad a través de ciertos signos esperados.
- Estos signos de vida espiritual siempre estarán presentes en un verdadero creyente, aunque pueden ser reprimidos o dañados por continuar en pecado.

Memorizar y Meditar

- Mateo 3:8
- 1 Juan 3:10, 23-24

Asignación

➡ Piense en la primera vez que llegó a conocer a Jesús. Revisa los signos de vida enumerados anteriormente. Puede observarlos en su propia vida? Anote los más importantes.

-

-

-

Señales de vida nueva

➡ ¿Y hoy? Estos signos deben estar allí. Sí, tentaciones y derivando del Señor los reprimirá, pero lo que es más importante para usted? Si cualquiera de estos signos de vida mencionados anteriormente son verdaderos de usted, escriba a continuación el diagrama a continuación.

➡ Después de escribirlos, diga cada uno en voz alta en una oración como "Amo tu Palabra, Señor." Estos son deseos profundos que son ahora verdaderos de usted, sea que haya expresado perfectamente o no. (orar es muy importante!)

➡ Si estos deseos no son verdad de usted, entonces es más que probable que usted todavía no tiene el Espíritu de la vida en usted. Tiene que llegar a conocer al Señor. Llame al Señor para salvarle a través de Jesucristo.

➡ Estudie Juan 3:1-8 y Juan 4:10-14 si el tiempo lo permite. Encontrar las frases clave que conectan el Espíritu con el viento o el agua, recordándonos que el Espíritu Santo es la fuente de la vida eterna.

#7
Fuente de la Vida

La vida espiritual, entonces, muy parecida a la vida física es una poderosa fuerza inherente en cada creyente cristiano. Una vez confirmada, la nueva vida comienza a expresarse a través de diferentes medios.

Esta vida, como una poderosa corriente, está centrada y guiada. Esta fuerza de vida no, por ejemplo, nos llevan a pensar mal de los demás. Esto es porque la fuente de esta fuerza es el Espíritu Santo, Dios mismo nació en nosotros.[2]

---

[2] No quiero involucrarme demasiado técnicamente aquí, pero el contraste es interesante. Juan 3 dice ser nacido del Espíritu, mientras que 1 Juan utiliza la frase, "nacido de Dios" siete veces, ilustrando que Juan entiende que el Espíritu Santo es co-igual con Dios.

Jesús dice que somos nacidos de nuevo o nacidos desde arriba. "Jesús le respondió: "De cierto, de cierto te digo, que el que no nace de agua y del Espíritu, no puede entrar en el reino de Dios. 6 Lo que nace de la carne, carne es; y lo que nace del Espíritu,[a] espíritu es..." (Juan 3:5-6). Nuestra nueva vida es poderosa fuerza que proviene de Dios mismo. Esta nueva vida entonces, es la misma como el Espíritu Santo viviendo su vida a través de nuestras vidas. Esta es la razón por la cual las escrituras suelen referirse al creyente como una "vida nueva en el espíritu" o Espíritu (de la misma palabra Griega en la Biblia).

El Espíritu de Dios trabajando dentro de nosotros

Este entendimiento es importante porque a través de ella podemos ver las maneras en que el Espíritu de Dios siempre nos ayuda. Él nos quiere hacer más como el Padre, por lo que Él ejerce su poder en virtud de este objetivo (Él no 6es sólo una fuerza impersonal, sino que es Dios Mismo). Asimismo, el Espíritu no utilizará Su poder para llevarnos a hacer el mal o nada contrario a Su propósito bueno y santo.

La mayoría de nuestra Vida Cristiana se caracteriza por la identificación de lo que el Espíritu Santo quiere hacer en y a través de nuestras vidas y luego por la fe llevarlas a cabo.

El poder del Espíritu es poderoso. Nunca podemos dominarlo (ej. Él) ni contrarrestar con éxito, aunque podemos apenar a Él (Efesios 4:30). Nuestra mejor esperanza, como las vigas de agua blanca, es poner todos nuestros esfuerzos a permanecer en curso a lo largo de la dirección del poderoso Espíritu.

Lección

- El Espíritu Santo es la fuente de fuerza de nuestra vida nueva, inspirándonos y proporcionando la fuerza para hacer todo lo que Dios quiere.

- No necesitamos ser fuertes en nosotros mismos. Somos como los que controlaban las balsas y necesitamos centrarnos en la realización de lo que Dios el Espíritu quiere para nuestras vidas.

Memorizar y Meditar

- Juan 3:5-6
- 1 Juan 5:1,4

Asignación

➡ Nombre tres cosas que el Espíritu Santo desea que haga.

✦

✦

✦

➡ Diga una oración a Dios. Agradezca a Él que le da el deseo de complacerle y llevar a cabo todas estas cosas. Pida a Dios por sabiduría, fortaleza y ayuda, de modo que a través de la ayuda del Espíritu podrá llevar acertadamente estas acciones para la gloria de Dios.

#8

Capture el Espíritu

Una gran corriente del río es una forma de imaginar la fuerza que fluye en la vida de un creyente. Otro es la corrida del viento fuerte. Aunque las tormentas pueden tener tempestuosos vientos, que están compuestos de enormes corrientes fluyentes que forman parte de un sistema mayor. Los vientos tienen sentido y operan dentro de ciertos parámetros.

Estas fuertes corrientes nos ayudan a pensar más claramente en la obra del Espíritu Santo en nuestras vidas. En primer lugar, debemos, como se comunicó en el último capítulo, recuerda que Dios está llevando a cabo sus propósitos. En medio de una tormenta, podríamos sentirnos confundidos en cuanto a la dirección en que el viento está soplando. No necesitamos preocuparnos, sin embargo. Dios está en el control, incluso cuando surgen fuerzas malvadas. Nuestro deber es afirmar que Dios tiene mayores propósitos y juega nuestra pequeña pero importante parte. Afirme que desea ser usado para los propósitos de

Dios no importa cuán difíciles circunstancias aparezcan. Recuerde también que disponemos de toda la fuerza que necesitamos para llevar a cabo los propósitos de Dios. Necesitamos tanto afirmar nuestro deseo de agradar a Dios, pero también a confiar en Su fuerza.

El ascenso del viento proporciona una imagen de cómo tenemos el Espíritu de Dios para ayudarnos. Las águilas tienen poderosas alas pero necesitan corrientes de aire ascendente o "térmicas" para pasar por debajo de las alas y levántarlas.

Tengo un amigo que se cuelgan y se desliza a gran altura en el cielo (ver imagen de arriba). No quisiera hacer eso.

> "Pero los que confían en el Señor recobran las fuerzas y levantan el vuelo, como las águilas; corren, y no se cansan; caminan, y no se fatigan" (Isaías 40:31).

Tenemos una posibilidad de colgar y deslizarnos o no, pero no viviendo junto con el Espíritu de Dios. La pregunta es, "¿Cuán conscientes somos de la labor propuesta de Dios en nuestras vidas?" La fe de muchos de los creyentes en este punto se desenfoca en un, "no sé lo que Dios está haciendo".

Pasos imposibles de la vida

El Espíritu siempre va a llevarnos a hacer la voluntad de Dios. A veces esto nos conducirá a caminos que parecen imposibles. ¿Por qué pueden parecer imposible?

- Físicamente más allá de nuestras capacidades
- Tiempo insuficiente
- Financieramente más allá de nuestros medios
- Oposición por familiares y amigos
- Habilidades o dones inadecuados
- Falta de confianza

La lista podría continuar! El Espíritu, sin embargo, desea a veces conducirnos en tan difíciles circunstancias. Ha experimentado una persona difícil? Seguro. Usted puede estar seguro de que Él también dará la paciencia o lo que sea para amarlo. Esta es una característica de la manera de Dios- que nos pide que vayamos más allá de nuestras capacidades naturales de manera que tendremos que confiar en Él.

A menudo tendemos a ir junto con nuestras tendencias naturales, dependiendo de nuestra personalidad e instintos. Algunas personas valientes en algo- o mucho como Pedro. No siempre salen correctamente, sin embargo,. Otros son mucho más tímidos, como Tomás. Se rinden debido a la duda.

Nuestro punto no es mostrarte aquí cómo trabajar con el Espíritu de Dios, sino para resaltar la manera como Él trabaja, y que tenemos que aprender a confiar en Su ayuda. (Vea nuestro libro sobre el segundo nivel de discipulado para comprender mejor la dinámica de crecimiento espiritual y de la guerra, *Más Allá de la Mediocridad*). Sólo Dios tiene la fuerza, la sabiduría y perspicacia para saber cómo llevar a cabo Su voluntad, especialmente con un enemigo inteligente como el diablo que busca nuestra desaparición.

Mantenerse enfocado y alerta

Jesus dijo, "Estén alerta y oren para que no caigan en tentación. El espíritu está dispuesto, pero el cuerpo es débil" (Mateo 26:41).

El auténtico creyente tiene el deseo de agradar a Dios, pero, de alguna manera, tendemos a caer en las tentaciones cuando no vemos claramente cómo Dios puede ayudarnos a manejar una situación particular. No sólo necesitamos centrarnos en el Señor en la oración para discernir lo que él quiere, pero también para saber cómo obtener la fe, la fuerza y la sabiduría de Él. Cuando comenzamos a rezar puede que no tengamos ninguno de estos elementos necesarios, pero cuando nos acercamos a Él en la oración, Él les dará a nosotros.

El amor por las cosas de Dios y la voluntad de abrazar las cosas de Dios son todos del Espíritu Santo; y están implantados en nosotros cuando inicialmente confiamos en Cristo para salvación y somos nacidos de nuevo. No debemos disponernos o producir estos sentimientos en nuestros mismos. El nuevo creyente puede adorar a

Dios tan profundamente como el cristiano experimentado. No tenemos que luchar para desarrollar esos deseos, pero la confusión puede venir a nosotros cuando nos preguntamos lo que amamos, lo que somos y lo que debemos hacer. La adquisición de la verdad de Dios aclara nuestra verdadera identidad en Cristo, mientras que el enemigo busca para despojarnos de nuestra verdadera identidad.

Dios es nuestra fuerza! Ese poderoso viento nos lleva a lo largo de cuando moramos en sus principios y lo llamamos a Él para pedir ayuda.

Lección

- Dios quiere que confiemos en Él para sabiduría, tiempo, oportunidades, y otras cosas para hacer Su trabajo.

- El Señor busca ansiosamente para darnos lo que necesitamos para llevar a cabo Su voluntad, pero tendemos a confiar en nuestros propios recursos que finalmente nos fallan.

- Algunas veces nos enfrentamos a la gente imposible y situaciones, pero el Señor sigue ahí con nosotros para ayudarnos a tener éxito, incluso si es necesario un milagro.

Memorizar y Meditar

- Mateo 26:41
- Salmo 5:3, Isaías 40:31

Asignación

➡ ¿De qué maneras tiende a depender de sus propios recursos para llevar a cabo la obra de Dios, pero se frustra y falla?

✦

✦

➡ Qué tipo de personalidad tiene? Cómo puede esa forma cuando usted intenta conseguir a través de circunstancias difíciles?

➡ Manteniendo a Mateo 26:41 en mente, "¿velad y orad" sólo cuando se enfrentan a lo que usted piensa que son situaciones difíciles o como una disciplina espiritual diaria? Explique.

La Fuente de la Vida y Tú

Capítulos 9-18

#9
Volviendo a estar Conscientes

Realizando Conexiones

Habiendo afirmado cómo el Espíritu trabaja generalmente, necesitamos mirar su trabajo desde un punto de vista personal. Posteriormente en la última sección del libro, vamos a tomar otro punto de vista del educador o formador".

En la vida física, a menudo somos inconscientes de la presencia de vida. Aunque impulsada por y totalmente afectada por esta poderosa fuerza vital, nosotros de alguna manera hacemos caso omiso a su vida diaria-dando propiedades.

En la pubertad, los hombres y mujeres jóvenes son muy conscientes de los cambios que sus cuerpos están experimentando. Ellos prestan plena atención al cambio de sus cuerpos e intereses, pero aun así difícilmente reflexionan sobre la vida que trae esos cambios. Como resultado, los jóvenes tienden a prestar mucha atención a lo que son. Más adelante en la vida, las personas tienden a centrarse más en lo que tienen. Algunos incluso contemplan la razón por la que son capaces de convertirse en adultos o después poder conseguir un trabajo. El negocio del día a día de la vida ha enmascarado el entendimiento y la conciencia de nuestra vida física y espiritual.

Nuestra ignorancia y falta de atención a la vida de Dios, el aliento todopoderoso que Él sopló en nosotros, nos hace indiferentes del misterio de la vida. El desagradecimiento nos conduce a la vida autónoma que a su vez genera un sentimiento de arrogancia.

Este es el latido de la era secular y materialista de hoy. Con la creencia de que todo está definido por los productos químicos y de la materia, ya no existe el impulso a mirar el poder detrás de sus vidas. Ellos fácilmente bloquean los pensamientos de la participación de Dios en los asuntos de este mundo, aunque ellos dependen de Él por todo lo que tienen, literalmente, en cada momento.

Un problema espiritual oculto

Esta ignorancia ha afectado también a la iglesia, pero en otro nivel. Estamos desatentos de la fuerza que da vida detrás de nuestras vidas espirituales. Tendemos a centrarnos mucho más de lo que podemos ver y tocar en vez de lo que permite nuestra vista y devoción.

Ha habido moveres de Dios durante toda mi vida que han refrescado la iglesia. El libro, *La Vida del Cuerpo*, de Ray Stedman hizo al pueblo de Dios consciente de los dones espirituales, así como el Espíritu de Dios que empodera a Su pueblo con estos dones. La conexión entre los dos fue práctica y teológicamente correcta. El pueblo de Dios fue bendecido, pero este breve desarrollo fue breve y oculto detrás de otros desarrollos teológicos.

El movimiento carismático de una manera similar ha conectado los dones espirituales y el Espíritu Santo, pero fue mucho más amplio, que se extendía a través de todo el mundo. La gente comenzó a tener reuniones de oración y estudios bíblicos, incluso en las iglesias sin vida. Independientemente de la opinión de estos dones, y sin duda había un excesivo énfasis de señales en algunos lugares, esto renovó la atención a la obra del Espíritu en nuestra vida que trajo de vuelta a la vida formas de la iglesia muerta.

Cuanto más nos separamos de la conciencia del Espíritu de Dios viviente trabajando en nosotros de nuestra vida cristiana, más espiritualmente muertos seremos. Saber acerca de una iglesia no nos hace un miembro de iglesia, ni saber mucho acerca de Dios nos hace conocer a Dios. Es bueno si sabemos estas cosas, pero el descuido de énfasis en el lugar central de Dios en nuestras vidas o la entrenamiento puede convertirse en un obstáculo importante. Esta ceguera espiritual se llama incredulidad y nos mantiene de de lograr la victoria.

Avivamientos anteriores

Avivamientos previos restauraron una gran conciencia de la presencia de Dios. La gente sabía que no era justo lo que ellos hicieron que hizo una diferencia, sino el Espíritu de Dios trabajando en y a través de ellos. Esta conciencia del Espíritu de Dios trabajando activamente a través de nuestra vida es fundamental. Cuando se ignora, surgen distorsiones, como la religiosidad, orgullo teológico, aburrimiento espiritual y normas morales bajas. Todos ellos resultan de no estar claras en cómo Dios trabaja en y a través de nuestras vidas.

La creencia resultante termina siendo primos de humanismo religioso. La atención se centra en el esfuerzo y pensamiento del hombre más que de Dios. Esto es exactamente lo que vemos en nuestra sociedad hoy en día- un mundo 'antrocéntrico'.

Ateísmo práctico

He utilizado el término "ateísmo práctico" para describir la mentalidad de muchos creyentes durante muchos años-creyentes que conducen su vida cristiana sin ser conscientes de la presencia de Dios. El Salmista advirtió al pueblo de Dios a no vivir como la gente que son impulsados por sus apetitos-como las bestias del campo. "A pesar de sus riquezas, no perduran los mortales; al igual que las bestias, perecen..." (Salmo 49:20).

Los cristianos se enfrentan a un gran peligro de vivir sin una verdadera conciencia de la presencia de Dios animando sus vidas. Dios está detrás de las escenas, pero el creyente puede recorrer sin verdadera conciencia de ello. Lo mismo es cierto para aquellos sirviendo a Dios. Pueden predicar, enseñar y evangelizar, pero desconocen el espíritu de trabajo interior. Debemos preguntar, "¿Dios es realmente parte de su sistema de creencias?" ¿Pueden sus actividades religiosas llevarse a cabo sin Dios? Si es así, ¿no revelan su verdadera identidad de ser hombre hecho de Dios?

Una de las estrategias clave que se debe devolver a la iglesia es la constante conciencia de la obra de Dios en la vida del creyente. No es simplemente una persona que, yendo a la iglesia o ayudando a los pobres. Vivimos en la presencia de Dios, y Él está llevando a cabo Sus buenos propósitos a través de nuestras vidas.

Dice el necio en su corazón: "no hay Dios." Ellos son corruptos, han cometido hechos abominables; No hay quien haga bien. El Señor ha mirado hacia abajo desde el cielo sobre los hijos de los hombres, para ver si hay alguien que entienda, que busque a Dios. Todos se desviaron, y juntos han corrompido; no hay quien haga lo bueno, ni siquiera uno. ¿Todos los obreros de iniquidad no saben que comen a mi pueblo como se come el pan, y no invocan al Señor?

Dice el necio en su corazón: "No hay Dios. Están corrompidos, sus obras son detestables; ¡no hay uno solo que haga lo bueno! Desde el cielo el Señor contempla a los mortales, para ver si hay alguien que sea sensato y busque a Dios. Pero todos se han descarriado, a una se han corrompido. No hay nadie que haga lo bueno; ¡no hay uno solo! ¿Acaso no entienden todos los que hacen lo malo, los que devoran a mi pueblo como si fuera pan? ¡Jamás invocan al Señor! (Salmos 14:1-4).

Buscando su Presencia

Avivamiento viene a veces cuando nuevamente estamos dispuestos a restablecer el correcto lugar de Dios en nuestras vidas. Mientras somos autosuficientes, operamos desde nuestros propios recursos y poca o ninguna gloria va a Dios.

Cuando nosotros, sin embargo, nos desesperamos, pedimos a Él. Cuando nos damos cuenta de Su presencia y experimentamos Su de oración contestada, entonces la adoración verdadera comienza. Esta es la forma en que Dios utiliza tiempos difíciles en nuestras vidas para rejuvenecernos (Salmo 119:23-24). Qué sucedería, sin embargo, si regularmente buscaríamos Su rostro en lugar de tener que ser pinchados y aguijoneados por pruebas?

"Desde el cielo el Señor contempla a los mortales, para ver si hay alguien que sea sensato y busque a Dios." (Salmo 14:2).

Nuestra sociedad en conjunto ha comenzado a pensar en la vida como si Dios no estaría en el trabajo. Este mismo pensamiento mundano se ha infiltrado en la iglesia donde vemos cada vez menos diferencia entre el mundo y los creyentes profesantes.

Lección

- La Humanidad, incluyendo a muchos cristianos profesantes, viven inconscientes de las fuerzas físicas y espirituales vivificantes de Dios.

- Sin una conciencia de la obra de Dios en nuestras vidas, nuestros corazones se han endurecido y la arrogancia crece.

- Cuando nos centramos en la presencia de Dios en nuestras vidas, entonces somos humildes, agradecidos, centrados en Dios y propiamente dependemos de Él.

Memorizar y Meditar

- Salmo 14:1-2
- Filipenses 3:17-19

Asignación

➡ Examine su vida en busca de signos de autonomía de Dios. ¿Vive su vida cristiana o lleva a cabo su ministerio sin un sentido de la ayuda de Dios y la orientación en lo que es o no? Explique.

➡ Evalúe la conciencia de aquellos que le rodean (de la iglesia y de los que asisten a la iglesia) de la presencia activa de Dios. Para los cristianos, oran o tienen comunión con Dios? ¿Es Dios hablando a través de su Palabra a ellos o simplemente leen?

#10
Acogedor

Cuando Dios está vivo en nuestros corazones y en nuestras mentes, constantemente buscamos Su presencia. Juan dice esto de un modo curioso en el primer capítulo de su Evangelio. Él primero habla de esta vida (1:4), que entró en el mundo e identifica esta Vida y Luz como Cristo Jesús en Juan 1:14.

Los versículos anteriores son intrigantes: "Mas a cuantos lo recibieron, a los que creen en su nombre, les dio el derecho de ser hijos de Dios. 13 Éstos no nacen de la sangre, ni por deseos naturales, ni por voluntad humana, sino que nacen de Dios." (Juan 1:12-13). Los que lo reciben son aquellos a quien Dios dio Su vida nueva-Dios nacieron en Su Espíritu y que trajo nueva vida a la existencia.

Estos son los únicos que reciben o le dan la bienvenida. La palabra griega usada es la misma que un anfitrión que va a saludar y dar la bienvenida a una persona en su hogar.

Qué diferencia entre la persona que da la bienvenida y entretiene a sus invitados y quien no reconoce la presencia del invitado. Dios no es justo viviendo alrededor de nosotros como una energía o fuerza. Él es una persona y nosotros le entretenemos activamente a Él, complaciéndole a Él y hacerle sentir a Él como en casa. Vidas cristianas sólidas, cultivan una relación permanente con el Señor mediante el Espíritu.

Búsqueda de Dios

Siendo conscientes de la presencia de Dios, entonces, es seguida por un corazón que acoge y le busca a Él. La frase 'búscale a Él' es usada muchas veces en las escrituras pero es intangible. He meditado en ella muchas veces, tratando de captar su significado y su implicación.

"Buscando al Señor" está construida sobre el hecho de que Dios está allí. Aquí es donde entra la fe en la imagen porque no podemos verlo. "En realidad, sin fe es imposible agradar a Dios, ya que cualquiera que se acerca a Dios tiene que creer que él existe y que recompensa a quienes lo buscan" (Hebreos 11:6). La fe es la columna vertebral de la vida cristiana y una expresión crítica de su vida. Con la fe, hay vida. Sin fe, no hay vida espiritual. Dios dijo del rey Roboán, "Pero Roboán actuó mal, porque no tuvo el firme propósito de buscar al Señor." (2 Crónicas 12:14).

Cuando una persona busca a Dios, hay un conocimiento no sólo de Dios, sino el deseo de conocerle y agradarle. Nuestra búsqueda de Él es una expresión de esos deseos de saber de Él y de Su voluntad. Queremos conocerlo y aprender de Sus caminos. Queremos estar más cerca de Él y participar en lo que Él hace.

Un buen anfitrión hace que su huésped se sienta como en casa. El huésped es parte de la vida del anfitrión y el hogar por ese período. Para un cristiano creyente, esta relación personal con Dios nunca termina. Después de que Jesucristo se mueve en el corazón del creyente, él busca cada vez más lo que significa tener este Invitado especial a "vivir" en su vida.

Lección

- El creyente no sólo acoge inicialmente a Jesús en su vida en su comienzo (es decir, la salvación) pero a lo largo de su vida continuamente busca profundizar su conciencia de Cristo Jesús, que ahora vive en él.

- La fe que surge de la naturaleza nueva que Dios nos da. Una fe creciente representa nuestro reconocimiento consciente y acogedor de la presencia de Dios y de su obra en nuestras vidas.

Memorizar y Meditar

- Hebreos 11:6
- Juan 1:12-13

Asignación

➡ Vuelva sus pensamientos cuando Dios primero abrió su corazón para responder a Él. Reflexione sobre Juan 1:12-13 y cómo usted entonces abrió su corazón para Él.

➡ Busque la frase 'busque el Señor' en la Biblia. Haga dos o tres observaciones acerca de estos versículos o su uso.

➡ Piense en su última semana. ¿En qué formas, ha buscado al Señor? ¿Qué importancia tiene para usted?

No mucho..... Poco.....mucho? Explique.

#11
Una Fe Creciente

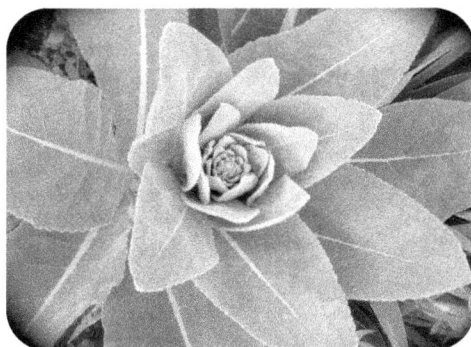

La forma en que debemos reconocer, buscar y perseguir al Señor tiene mucho que ver con nuestro crecimiento cristiano. Estas acciones se describen el crecimiento espiritual propio, como crecimiento, maduración, y haciéndose más fuertes son indicadores de crecimiento físico.

Los creyentes que buscan la presencia del Señor usan y fortalecen su fe. Aquellos que no están en busca de Èl, no están viviendo por fe, pero vuelven a caer a vivir por la vista.

Los cristianos tienen dos retos importantes, cada uno de ellos requiere el uso de su fe:

(1) Aprender a volver al Señor cuando él o ella ha caído.

(2) Consistentemente perseguir al Señor incluso cuando todo está bien.

En ambos casos, es necesaria la fe. Cuando un creyente humilla a su corazón, combinado con una verdadera confesión, él está ejerciendo su fe en el Señor, cuando él le busca a Él.

Y el rey Roboán, a diferencia de su padre Salomón, no comience su regla. Él adoptó las ideas de sus amigos en lugar de sabios consejeros. El reino dividido como resultado. Pero a pesar de ese revés, cuando hizo buscar al Señor, él fue bendecido. Fue sólo después de aquellos años iniciales que se alejó del Señor.

Después de que Roboán consolidó su reino y se afirmó en el trono, él y todo Israel abandonaron la ley del Señor (2 Crónicas 12:1).

El pasaje continúa en conectar directamente los problemas que enfrentan Roboán en el quinto año de su mandato, con su infidelidad. "y le fueron infieles." (2Crónicas 12:2)

Sin embargo, el Señor se apartó de castigar a Roboán cuando él solicitó de nuevo al Señor. "Por haberse humillado Roboán, y porque aún quedaba algo bueno en Judá, el Señor apartó su ira de él y no lo destruyó por completo" (2 Crónicas 12:12).

Estos principios de cómo Dios trata con Su pueblo son importantes para nosotros para aprender, pero es igualmente crítico para conectar lo que estamos experimentando con una imagen de Dios en su totalidad al plan de entrenamiento. Esto nos permite captar rápidamente una imagen clara de cómo Dios trata con nosotros y cómo hacer mejoras.

Hechos de Fe

Nuestro bienestar espiritual   depende de nuestra fe, lo que creemos acerca de Dios en "tiempo real". Cuando nuestra fe es fuerte, entonces nuestra vida espiritual crece. Cuando es débil, entonces luchamos con fracaso espiritual.

La fuerza de nuestra fe no depende de nuestros registros anteriores o si estamos haciendo bien o mal. Recuerde, fue cuando Roboam que estaba haciendo bien, que cayó. Cuando él estaba roto, él buscó al

Señor. Nuestro bienestar espiritual depende de cómo debemos responder actualmente al Señor.

Esto explica por qué podemos caer cuando todo parece ir bien o cuando estamos en desigualdad, en nuestra necesidad podemos llamar a Dios por ayuda especial y encontrarlo. Nuestra fuerza depende de nuestra fe presente.

Dios nos quiere evitar del fracaso espiritual y a permanecer firmes. Las escrituras regularmente nos exhortan a ser fuertes. Una fe fuerte debe dominar las entradas y salidas de la tentación y aprender como estabilizar su concentración de ser fuerte en la fe. Meditando en cada escenario y cómo uno busca el Señor permitirá fortalecer aún más su fe. Nuestra fe creciente está estrechamente vinculada a la afirmación de la importancia de Dios y de Su trabajo, de manera que da forma a nuestras decisiones. La debilidad espiritual está relacionada con la falta de convicción de que el Señor es importante para uno o más ámbitos de nuestras vidas.

Estos cambios y oportunidades se llevarán a cabo secretamente en nuestros corazones y nuestras mentes. En el próximo capítulo, vamos a entender mejor cómo una vida próspera de Dios depende de ciertas condiciones de crecimiento. Dios está permitiendo que las circunstancias para conducirnos más cerca de Él.

Lección

- Crecimiento espiritual surge de ejercer nuestra fe o confianza en Dios.
- Derrota espiritual resulta de no creer sinceramente que el camino de Dios es importante o mejor.

Memorizar y Meditar

- 2 Crónicas 2:12
- 2 Crónicas 2:1-14

Asignación

→ Describir su fe en Dios. Cuando lo haga, califique cuán importante cree que Dios está en su vida en una escala de 0 a 10.

→ Piense de una época en que usted estaba en retroceso. Describe tus dudas en este momento. Se puede dudar de algún aspecto de Dios o Sus caminos?

#12
Nuestros Objetivos de Vida

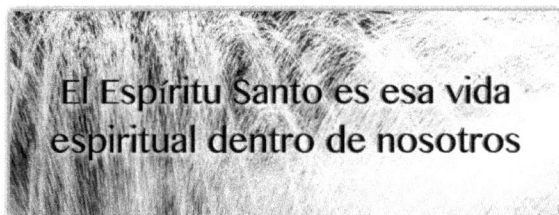

El Espíritu Santo es esa vida espiritual dentro de nosotros

Cada fuerza tiene la direccionalidad y fuerza. Por ejemplo, el viento podría soplar hacia el noreste a sesenta kilómetros por hora. Eso sería un fuerte viento!

Nuestra fuerza de vida es la misma. Nuestros cuerpos físicos crecen debido a esta fuerza de vida y finalmente nos permiten funcionar en este mundo moderno. Podemos hablar sobre teléfonos celulares o saltar un autobús ocupado lleno de personas. La fuerza espiritual de la vida completamente impregna nuestras vidas físicas. A pesar de que principalmente trabaja a través de nuestro marco físico y mente, tiene su propio poder y propósito.

Con el fin de permitirnos crecer, necesitamos discernir mejor el sentido o metas de esta vida espiritual. Entonces, en lugar de trabajar en contra de nuestros objetivos en la vida, debemos trabajar junto con ellos. He recorrido las calles de Chicago en días muy ventosos donde tomó gran esfuerzo para moverse. El viento soplaba contra mí. Por otro lado, también he ido avanzando en una bicicleta a un gran ritmo sin pedalear debido al fuerte viento que me empujaba desde atrás.

Ampliar nuestro conocimiento

El conocimiento es un aspecto clave en nuestro crecimiento espiritual. Si pudiéramos combinar esa conciencia de lo que Dios está haciendo en nuestras vidas y comprometer nuestra voluntad a Él, entonces la mayoría de luchas espirituales en nuestra vida cristiana desaparecería.

El hecho es, sin embargo, muchos creyentes son bastante ignorantes acerca de los objetivos que Dios tiene para ellos. Algo de esto es natural. Como observamos a través de nuestras ventanas a la calle, no vemos las cosas espirituales. Podríamos ver gente, coches, árboles o veredas, pero raramente nunca pudimos obtener una visión de ángeles y demonios. Como el viento, el Espíritu de Dios no puede ser visto con nuestros ojos. Sólo vemos cómo Él impacta las cosas en el mundo real.

Los ojos del criado de Eliseo tuvieron que estar abiertos para ver el mundo espiritual.

Entonces Eliseo oró: "Entonces Eliseo oró: 'Señor, ábrele a Guiezi los ojos para que vea.' El Señor así lo hizo, y el criado vio que la colina estaba llena de caballos y de carros de fuego alrededor de Eliseo" (2 Reyes 6:17).

A través del estudio de la Palabra de Dios, podemos empezar a obtener una sensación del mundo espiritual. Por ejemplo, sabemos por el Libro de Hebreos que al menos un ángel se dedica a cada hijo de Dios (Hebreos 1:14).

El viento está soplando

La Palabra de Dios no habla mucho acerca de estos detalles más curiosos, pero iluminan mucho sobre los fundamentos -de lo que Él está haciendo a través de la fuerza espiritual de la vida en nosotros. Pablo ha identificado este objetivo para los creyentes:

> A este Cristo proclamamos, aconsejando y enseñando con
> toda sabiduría a todos los seres humanos, para presentarlos
> a todos perfectos en él (Colosenses 1:28).

Pedro dice que de forma ligeramente diferente, "Más bien, sean ustedes santos en todo lo que hagan, como también es santo quien los llamó; pues está escrito: «Sean santos, porque yo soy santo." (1 Pedro 1:15-16). 'Completos en Cristo' y 'santos' son sólo dos maneras de presentar el sentido de la vida espiritual "vientos" actuando en nuestras vidas.

Hemos estado usando el término 'espiritual' de la fuerza de la vida en comparación con nuestra vida física la fuerza para ayudarnos a comprender mejor, pero hay mucho más que todo esto. Así como Cristo mediante su Palabra crea y sostiene la vida física (Colosenses 1:15-17), Cristo a través del Espíritu establece que "la fuerza de la vida" está dentro de nosotros.

> Y yo le pediré al Padre, y él les dará otro Consolador para
> que los acompañe siempre: 17 el Espíritu de verdad, a
> quien el mundo no puede aceptar porque no lo ve ni lo
> conoce. Pero ustedes sí lo conocen, porque vive con ustedes
> y estará en ustedes (Juan 14:16-17).

Uno de los problemas de que iniciemos como creyentes es la suposición de que la vida física y espiritual en la vida acaba de suceder. Esto no es cierto. Hay fuerzas de Dios que están en obra en nosotros para completar Su voluntad. Esto es cierto para cada persona y cosa creada. Todas las cosas están hechas para traer gloria a Dios. Esto también es cierto con el Espíritu Santo que imparte vida espiritual a los creyentes en Cristo.

Dios está vivo en nosotros para empoderar nuestra conciencia espiritual, para estar en comunión con nosotros, de modo que como equipo podemos lograr Sus propósitos gloriosos en y a través de nuestras vidas.

Lección

- La "fuerza de vida espiritual" es análoga a la "fuerza de la vida física" que conduce a nuestros cuerpos humanos.

- La fuerza espiritual de la vida en el trabajo en nuestras vidas es la misma de Cristo trabajando en nosotros por el Espíritu Santo.

- Cuando nos juntamos conscientemente en nuestras voluntades con el propósito de Dios de trabajar, tanto en nuestra vida física y espiritual, viviendo nuestras vidas espirituales se vuelve mucho más fácil y centrado.

Memorizar y Meditar

- 1 Pedro 1:15-16
- Juan 14:16-17

Asignación

➡ Ha pensado acerca de Dios mediante su Espíritu Santo en usted para lograr sus propósitos? Explique.

➡ De Colosenses 1:28 y 1 Pedro 1:15-16, ¿qué diría usted que Dios está tratando de hacer a través de la fuerza espiritual de la vida dentro de usted? ¿Cuán lejos está?

#13
Buscando Dirección

Dios vive en nosotros activamente para ayudarnos a ser como Cristo. Esto es una maravillosa y verdad sorprendente, pero todavía podemos estar confundidos. (El mal trabaja el doble del tiempo para asegurarse de que corramos en confusión.) Los creyentes pueden quedar perplejos en cuanto a lo que significa vivir una vida como Cristo o incluso simplemente lo ven como un imposible, algo que debe reservarse para el cielo.

Se enfrentan a todo tipo de luchas espirituales y no saben cómo superarlas. Quizás estos creyentes, como un ejemplo, no saben cómo manejar adecuadamente las relaciones personales. Se amargan y molestan con los demás. Terminan siendo nada pero aman.

Cuando vemos un pequeño bebé, no colocamos en ellos expectativas asociadas con un adulto. Eso sería una locura. Los bebés no pueden ni siquiera alimentarse! Eso vendrá, pero lleva tiempo. Y así es con la vida espiritual.

Juan usó la vida física como una analogía para ayudarnos a comprender tanto la existencia y la esencia de la vida espiritual (como hablamos de Juan, en los capítulos 1, 3 y 5). Nos ha proporcionado otra muy útil analogía que aclara el desarrollo de nuestras vidas espirituales.

La vida espiritual humana se desarrolla de una forma similar a la vida física humana. No cabe duda de que hay diferencias, pero en general las similitudes nos permiten obtener una gran perspicacia en el desarrollo de la vida espiritual en diferentes etapas de la vida cristiana. Esta analogía es tan útil que cuando tengo dificultades para entender algunos aspectos de la vida espiritual, a menudo miro a lo que está sucediendo en nuestras vidas físicas en esa etapa para ganar entendimiento.

En 1 Juan 2:12-14 Juan nos proporciona la clave para comprender los tres niveles de la vida espiritual. Estas tres etapas de la vida simplemente y sin embargo profundamente profundas de nuestra comprensión de los procesos de la vida espiritual. Lo que parece ser conceptual o escondido, se convierte ahora en práctica y clara.

1 Juan 2:12-14

> Les escribo a ustedes, queridos hijos, porque sus pecados han sido perdonados por el nombre de Cristo. Les escribo a ustedes, padres, porque han conocido al que es desde el principio. Les escribo a ustedes, jóvenes, porque han vencido al maligno. Les he escrito a ustedes, queridos hijos, porque han conocido al Padre. Les he escrito a ustedes, padres, porque han conocido al que es desde el principio. Les he escrito a ustedes, jóvenes, porque son fuertes, y la palabra de Dios permanece en ustedes, y han vencido al maligno (1 Juan 2:12-14).

Las frases 'hijos', 'los hombres jóvenes' y 'padres' son conocidas y poderosas imágenes. He tenido personas que me desafían, como si esto realmente se aplicara al crecimiento espiritual por el énfasis puesto en el desarrollo físico y edad. Cuando miramos más de cerca las descripciones que acompañan a cada categoría, sin embargo, Juan se refiere a características espirituales en lugar de físicas. 'Vencer al maligno' y 'palabra de Dios permanece en ustedes', evidentemente, no se refería a la vida física, sino la vida espiritual.

Sólo tres etapas

En los campos de desarrollo (biológicas) de psicología hemos aprendido muchas cosas sobre el desarrollo físico. Cada una de estas tres áreas de desarrollo serán mencionados brevemente, pero el enfoque se mantendrá sobre cómo encajan en la vida espiritual como un todo. (Tenemos otros materiales de capacitación que están dedicados a explicar y aplicar estas verdades a cada una de las tres fases).

La fuerza espiritual de la vida derivada por el Espíritu Santo impulsa incesantemente a los seguidores de Jesucristo hacia la transformación en la imagen de Cristo.

Las tres etapas que ayudan a aclarar lo que se supone que suceda en cada una de estas etapas. Como podemos facilitar este crecimiento, los creyentes crecerán fuertes. Donde y cuando hacemos caso omiso de nuestra responsabilidad de

TODO EL DESARROLLO DEL CRISTIANO

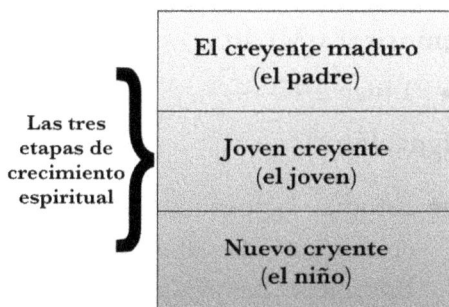

Las tres etapas de crecimiento espiritual }

El creyente maduro
(el padre)

Joven creyente
(el joven)

Nuevo cryente
(el niño)

ayudarnos a nosotros mismos o a otros creyentes crecer, la fe se debilita.

Como vemos en nuestras iglesias hoy, no debemos culpar a la Palabra de Dios o a Dios mismo por la confusión o inutilidad en la iglesia. La iglesia ha descuidado su responsabilidad de hacer discípulos. Nuestra esperanza es, sin embargo, que cuando nos pongamos serios en ser como Cristo y obedecer lo que Cristo ha ordenado, la iglesia volverá a crecer fuerte. Los seguidores de Jesús, como los discípulos de antaño, llevarán a cabo su labor en Su amor.

Dios escogió para impresionar a esta vía de desarrollo en nuestras mentes mediante el uso de una de las imágenes más comunes de crecer en nuestras familias para instruirnos. En los capítulos posteriores, pondremos de relieve la manera en que estas etapas nos ayudan a concentrarse en ayudar a los creyentes, a nosotros mismos o a otros, crecer.

Lección

- El desarrollo espiritual de los creyentes tiene muchas similitudes con el desarrollo físico de los seres humanos.

- La debilidad en la iglesia no tiene nada que ver con la falta de poder del evangelio o la Palabra de Dios, pero el fracaso del pueblo de Dios para entrenar responsablemente a quienes les rodean.

- Hay tres etapas de desarrollo espiritual: los nuevos creyentes (niños), los jóvenes creyentes (hombres jóvenes) y creyentes maduros (padres).

Memorizar y Meditar

- 1 Juan 2:12-14

Asignación

➡ Estudia 1 Juan 2:12-14. ¿En cuál de los tres grupos ¿te encuentras? Resaltar una diferencia para cada etapa, tanto físicamente como espiritualmente.

➡ ¿En qué orden Juan ha debatido sobre ellos?

➡ Es usted consciente de que alguien haya sido discipulado? Si no, ¿por qué crees que esto es así?

#14
Curiosidad

¿Dónde estoy?
¿Dónde debo estar?
¿Cómo puedo conseguirlo?

Una vez que los creyentes escuchen acerca de estas tres etapas, y se den cuenta de que no hay una cuarta etapa, ellos comiencen a preguntarse a qué grupo se adecúan. Es muy parecida cuando se muestra la foto de grupo de un picnic o paseo. Nuestros ojos tienden a escanear la imagen de nosotros mismos. Estoy en la foto? ¿Cómo me veo?

Los cristianos, llenos de curiosidad acerca de sus propias vidas, quieren saber cuán lejos han llegado. La mayoría de los creyentes nunca han oído hablar de estos niveles de desarrollo espiritual, de modo que despierta cierto interés, incluso en aquellos que tienen una fe tibia. El Señor también utilizó analogías familiares que cada creyente podía entender fácilmente, abrazar y transmitir a los demás.

Cuando se habla de niveles, existe el peligro de que una persona se perciba a sí mismo mayor o más importante que otro, e incluso creo que él necesita establecer a otros rectos (puede llamarlos matones espirituales). Este no es el objetivo que Juan tiene en mente.

En vez de compararnos con otras personas, debemos tratar de identificar cómo a lo largo de la fuerza vital del Espíritu Santo nos ha permitido reflejar la semejanza de Cristo, tanto en la manera en que conducimos nuestras vidas así como en nuestros servicios o ministerios. Este interés adecuado en nuestra vida espiritual nos lleva a pensar acerca de cuánto hemos crecido y en qué otras áreas necesitamos más madurar. Pensar en nosotros mismos como un niño pequeño que sueña con crecer para ser como su Papá.

Una nueva visión de crecimiento necesaria

La mayoría de los creyentes, en lugar de ver un crecimiento saludable, han caído en la estancación espiritual. No están creciendo. Ellos no saben siquiera que se espera que continúen creciendo! O, si lo hacen se dan cuenta de esto, y se sienten derrotados. Tienen problemas en una o más áreas de sus vidas y en gran medida han renunciado a la esperanza de que puede ser diferente de lo que hacen actualmente ven en ellos mismos. Ellos piensan que esto es donde permanecerán.

Mas como dirigir un viñedo crecer y donde queremos que vaya, así necesitamos dirigir nuestros pensamientos. Cuando combinamos la comprensión de la poderosa veda de Dios que nos fuerza junto con Su propósito especializado para nosotros en cada etapa de nuestra vida cristiana, entonces podamos avanzar hacia adelante en nuestro desarrollo cristiano.

Justo como las fases aceleradas de crecimiento en nuestras vidas físicas nos impulsarnos hacia la edad adulta, así en la comprensión de nuestras vidas espirituales, la comprensión de Sus verdades trae crecimiento en la fe que nos causa a crecer espiritualmente. La cadena de pensamientos que edifican nuestra previsión de crecimiento espiritual podría pasar algo como esto:

- El Espíritu Santo está todavía atrayéndome hacia el pleno desarrollo espiritual; Él no ha renunciado a mí.

- Hmm, donde he girado hacia el camino equivocado?

- Dios tiene un plan para mí.

- Dios me ha equipado para crecer hacia la madurez.

- ¿Dónde estoy?

- ¿Cuál es el siguiente paso para mí para crecer?

- ¿Cómo puedo crecer más?

Estas son algunas de las posibles ideas que se activan mediante la adecuada enseñanza de la Palabra de Dios en la vida espiritual. Estas verdades llevan al creyente hacia atrás al camino correcto donde su fe en la obra de Dios en ellos se volverá a encenderse.

Una creciente esperanza

"Usted quiere decir que realmente sea como Jesús? Podrá usted ayudarme a entender lo que prácticamente significa para mí y me mostraría el camino? ¿Cuál es el siguiente paso para mí?"

Estos pensamientos engendran la fe, la creencia de que el creyente puede y debe crecer más espiritualmente.

Ahora están pensando en el desarrollo espiritual y comenzar a examinar las metas que Dios tiene para ellos en lugar de los problemas a los que se habían enfrentado. La esperanza de cambio empieza a regresar. Junto con el aumento de la fe, ellos tienen las promesas que Dios les permita seguir creciendo.

Cada creyente, paso a paso, está destinado a crecer en madurez plena a través de las distintas etapas de la vida espiritual. Alguno podría objetar a esta enseñanza, pero lo que se enseña aquí en 1 Juan 2:12-14. El problema más grande detrás de nuestras sospechas son nuestros conceptos defectuosos de madurez. Nadie puede ser perfecto, sin pecado. Estamos ya manchados, pero podemos ver nuestras vidas transformadas por la toma de decisiones coherentes piadosas que traen gloria a Dios. Observe cómo las palabras de Juan suenan con estos pensamientos:

> Mis queridos hijos, les escribo estas cosas para que no pequen. Pero si alguno peca, tenemos ante el Padre a un intercesor, a Jesucristo, el Justo. Él es el sacrificio por el perdón de nuestros pecados, y no sólo por los nuestros sino por los de todo el mundo.¿Cómo sabemos si hemos llegado a conocer a Dios? Si obedecemos sus mandamientos (1 Juan 2:1-3).

Cuando los creyentes son curiosos, están abiertos a aprender y a crecer (profesores saben cuán importante es aprender de sus alumnos). Es tan diferente de la mentalidad del creyente que piensa que ya ha llegado (lo que sea que eso signifique) llegando a la Iglesia durante quince años.

"Envía tu luz y tu verdad; que ellas me guíen a tu monte santo, que me lleven al lugar donde tú habitas." (Salmo 43:3).

La vida no es algo que debemos hacer crecer. Crece por su propia cuenta. Al igual que un pequeño brote, necesitamos proteger a esa pequeña planta y proporcionar los elementos necesarios, tales como el agua, los fertilizantes y el sol. No hacemos la vida o crecimiento, sino que hacemos cultivarla, y así es con la vida cristiana.

Una vez que el creyente entiende su potencial de crecimiento, él está dispuesto a adquirir más de la verdad de la Palabra de Dios para reformar su mente. Dejando atrás la ignorancia, se exalta en los grandes propósitos de la gloria de Dios para él en Cristo Jesús.

> Envía tu luz y tu verdad; que ellas me guíen a tu monte santo, que me lleven al lugar donde tú habitas. Llegaré entonces al altar de Dios, del Dios de mi alegría y mi

deleite, y allí, oh Dios, mi Dios, te alabaré al son del arpa. (Salmo 43:3,4)

El crecimiento es posible. Cuando creemos que, al igual que David, buscamos por fe en cualquier nivel que actualmente nos encontremos en nuestra vida espiritual. Incluso cuando en el pecado, como David, podemos escapar por la gracia de Dios (Salmo 32).

Lección

- Se observa el crecimiento estancado por la falta de voluntad para crecer, o la creencia de que el crecimiento ya no es necesario o no es importante.
- Si los creyentes ven el crecimiento espiritual como una posibilidad real, su interés en el crecimiento es encendido.

Memorizar y Meditar

- Salmo 42:3-4
- 1 Juan 2:1-3

Asignación

➡ ¿Cómo son las personas deseosas de aprender la palabra de Dios a tu alrededor? Evalúa las actitudes de quienes asisten a las reuniones para aprender, orar y alabar.

➡ ¿Cuán entusiasta eres en aprender y crecer? ¿En qué áreas puedes ser más fuerte? ¿Usted piensa que tiene espacio para el crecimiento en esas áreas? Explique.

#15
El Niño-Etapa # 1

El Niño Pequeño

Las promesas de crecimiento espiritual están ocultos en las descripciones de lo que va a suceder en cada etapa de la vida cristiana. En este capítulo examinamos lo que Dios promete hacer para el nuevo creyente, el pequeño niño.

Cada uno de nosotros ha comenzado su vida como un bebé, crecido mediante su preadolescencia/adolescencia y lo que viene, suponiendo que el lector es mas avanzado, ha entrado en la edad adulta. La edad cuando se transiciona de una etapa a otra no es del todo clara, pero es el proceso.

Hay dos marcadores de crecimiento clave para ayudarnos a mantener un seguimiento de nuestro crecimiento. El primero es cuando nacemos, y sobreviene una celebración. Un nuevo bebé ha entrado en el mundo! Los padres orgullosos envian un anuncio y fotos de su nuevo tesoro.

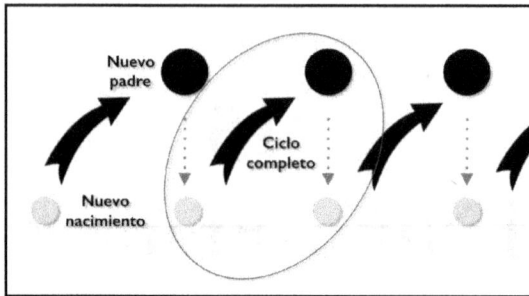

Un Ciclo Completo: El Nacimiento de la Paternidad

El otro marcador claro es cuando uno se ha convertido, en los términos de 1 Juan, un padre. Una vez que esta persona pequeña ahora está totalmente crecida y tiene un hijo propio. Se ha producido un ciclo completo, una producción de otra generación.

El mundo moderno ha intentado redefinir la edad adulta como simplemente ser mayores e independientes, con ningún requisito para la paternidad y sus responsabilidades inherentes. Lamentablemente, la iglesia en muchas maneras también ha adoptado esta mentalidad. Esto deja a la sociedad y la iglesia angustiada porque hay más creyentes maduros que no actúan responsablemente en el entrenamiento de los jóvenes creyentes.[3]

Un verdadero, ciclo completo llama al creyente no sólo para convertirse en un adulto, sino también a dar fruto y asumir la responsabilidad de la próxima generación.

Un ciclo completo: el nacimiento de la paternidad

Esta lección actual se centra en el primera e importante etapa donde comienza la vida nueva. El apóstol Juan usa la analogía de nuestro

---

[3] Denominada "planificación familiar" que debería llamarse para lo que es 'planificación estéril'. Las sociedades junto con la iglesia están sufriendo como nunca a causa de esta mentalidad anti-bíblica.

desarrollo físico en la familia para ayudarnos a entender nuestro desarrollo en la familia espiritual de Dios. Como Jesús, él usa lo que es familiar para enseñar lo que no es familiar. En los capítulos anteriores hemos discutido la importancia de la nueva vida espiritual. El nuevo creyente tiene una nueva vida y es, por tanto, asimilarse a un bebé.

El bebé crece

Sólo como un bebé debe crecer a través de las etapas de desarrollo físico-gatear, sentarse, etc., de modo que Dios tiene al nuevo creyente para aprender muchas lecciones básicas durante esta primera etapa de desarrollo espiritual. Las etapas de la vida son importantes porque en cada uno de ellos, el individuo está aprendiendo o creciendo en muchas maneras diferentes.

Mi hija de diez años de edad, Rebeca me convenció la semana pasada de tomar a ella y a su hermano mayor, Isaac que tiene ahora trece, en el patio de recreo. Ellos querían ir a cierto parque para jugar y celebrar gratos recuerdos de años anteriores. Por lo tanto, fuera de los tres de nosotros fuimos. Después de jugar durante unos cinco o diez minutos, decidieron que no era demasiado interesante ya. Escuché a ellos diciendo, "creo que estamos demasiado viejos para el parque, ahora." Sugirieron tomar una caminata por la naturaleza en su lugar y, a continuación, ellos disfrutaron mucho de escalar las colinas en el parque. Las personas cambian a medida que crecen.

El pequeño acaba de llegar a conocer al Señor. Esto podría ser una persona de 50 años de edad, pero no importa. El nacimiento espiritual conduce a cada creyente en el mundo como un nuevo miembro de la familia de Dios.

El cuidado por los nuevos creyentes

¿Cuando primero se convirtió en un creyente, fue atendido? ¿Alguien le dio atención personal? Estas preguntas pueden parecer triviales, pero no lo son. Observe la atención especial que se da al bebé después del nacimiento. Es durante este tiempo que la persona, generalmente el padre, da a este pequeño bebé de uno-a-uno la atención.

No sólo cuando el bebé es alimentado con la leche materna, pero el bebé es amado, lavado, vestido, etc. la programación podría ser repetitiva y agotadora, especialmente tarde en la noche, pero es crítico. Pero observe lo que está sucediendo. Cerca de la Mamá, el bebé tiene la oportunidad de escuchar palabras de amor, sonidos y expresiones que ocurren. El bebé no es solamente aprende cómo responder y comunicar, sino a través de los abrazos, diversión y juegos pequeños, el niño se siente amado.

¿Qué sucede cuando el bebé se asusta y se pone a llorar? La Mamá corre hacia el bebé y sujetando el bebé cerca de ella suavemente dice, "Todo está bien. No llores. Mamá te tiene."

El niño no es sólo mecánicamente ganando la comida física y atención que él o ella necesita, pero igual de importante, recibiendo el amor emocional. Esta es la situación ideal. Por otro lado, si la madre está ausente o distante, el resultado será un niño que se siente cicatrizado, no amado. Dios pasa todo este amor, cuidado y alimentación a través de creyentes mayores. Si un creyente mayor cuida de los nuevos creyentes como Dios ha planeado, este crecerá fuerte, pero si no, las bases para ese nuevo creyente será débil.

¡Mucho que aprender!

El nuevo creyente tiene muchas cosas que aprender. Pedro también utiliza una analogía para ayudarnos a comprender a los nuevos creyentes. Él utiliza los deseos del recién nacido para ayudarnos a entender cómo el nuevo creyente ama a adquirir la Palabra de Dios. Es comparable a la leche de los creyentes. "Deseen con ansias la leche pura de la palabra, como niños recién nacidos. Así, por medio de ella, crecerán en su salvación" (1 Pedro 2:2)

Casi nada se compara a un bebé el deseo de comer. El bebé va a llorar y llorar hasta que la leche de la madre llegue a su boca. Pero cuando el bebé comienza a chupar y sienten que la leche, la satisfacción viene (junto con algunos interesantes los suspiros y otros sonidos). Lo mismo ocurre con un nuevo creyente. El nuevo nacimiento tiene una gran hambre para conocer la Palabra de Dios. Debemos estar allí para "alimentarlos" con Su Palabra para que puedan crecer.

La vida comienza en el nuevo nacimiento espiritual (llamado 'regeneración' en términos teológicos). El crecimiento se produce cuando el creyente adquiere la Palabra de Dios, como cuando un niño recibe la nutrición.

Esta necesidad de la Palabra de Dios será fiel a lo largo de nuestras vidas. Necesitamos comer para vivir, pero algo cambia en la medida que crecemos. En la etapa inicial, la alimentación y la nutrición en forma de leche y deben ser proporcionados por la Madre. Dios diseñó este tipo de alimentación para fomentar la intimidad. Cuando la leche o incluso el biberón alimentan al bebé, la Mamá y el bebé pueden y lo hacen con frecuencia mirar el uno al otro.

Cuando pensamos en la nueva vida espiritual, algunos elementos básicos están llegando a la vanguardia: la intimidad, unión, el amor, la Palabra de Dios, cuidado y atención. Obviamente, hay otras necesidades en el cuidado de un niño, pero nada es tan importante como estos aspectos básicos de cuidado.

Durante años la Iglesia ha tenido un enfoque saludable en traer a la gente al el reino de Dios, pero muchos de estos recién nacidos han sufrido post-trauma de nacimiento. No han recibido la atención necesaria porque ellos nunca fueron personalmente alimentados y cuidados por los demás creyentes. No fueron discipulados. Un bebé no puede alimentarse y tampoco puede un nuevo creyente. Él necesita ser alimentado y sólo después de un período de crecimiento puede aprender a alimentarse.

A pesar de que ya conozcamos estos conceptos básicos, el problema es que nosotros como la iglesia no hemos sido fieles a realizar lo que conocemos, y así el cuerpo de Cristo sufre terribles consecuencias. A menudo pregunto a los creyentes, "Cuántos de ustedes fueron atendidos personalmente y enseñados como un nuevo creyente?" Pocos responden positivamente.

El corazón de Dios debe estar tan roto por la falta de cuidado que tenemos para Sus preciosos hijos. ¿Por qué no está igualmente nuestro corazón roto? ¿Por qué no está la iglesia arrepentida sobre su falta de voluntad para invertir en el levantamiento de la próxima generación?

Lección

- El nuevo seguidor de Jesucristo se asemeja a un niño pequeño, un bebé, porque él (o ella) tiene necesidades similares que sólo pueden ser proporcionados por un proveedor de atención médica.

- Dios nos quiere para cuidar de los nuevos creyentes como una Mamá suavemente y pacientemente cuida a su bebé.

- Dios enseña a los nuevos creyentes verdades básicas de la Palabra de Dios durante esta etapa temprana, trayendocrecimiento.

- El Señor quiere que el nuevo hijo de Dios sienta Su amor y cuidado a través de la atención personal de un hacedor de discípulos.

Memorizar y Meditar

- 1 Pedro 2:2

Asignación

- ➡ ¿Fue discipulado como un nuevo creyente? Explique lo que pasó o lo que no pasó.

- ➡ ¿Cómo responde a los nuevos creyentes a su alrededor? ¿Les discípula? ¿Por qué o por qué no?

- ➡ Si no fuera discipulado antes, ¿qué sientes que perdiste? Si fue discipulado, qué cosas ha ganado?

#16
El Joven-Etapa # 2

El
adolescente

Si el nuevo creyente necesita amor íntimo y atención, ¿qué necesita el joven creyente?

El joven es conocido por la forma en que comienza a tomar el control de sus propias decisiones. Hay esa transición desde cuando él es irresponsable e ignorante de lo que es justo a ese lugar donde él sabe y cuida adecuadamente por sí mismo y posteriormente se preocupa por los demás. Los jóvenes están en el camino hacia la adultez y ciertamente necesitan, en algún momento, aprender a cuidar de sí mismos y de los demás! Manteniendo los objetivos generales de Dios en mente es extremadamente útil para reducir la tensión que de lo contrario puede desarrollarse.

No hay marcadores fáciles para cuando esta etapa comienza o termina. Muchos idiomas no tienen una palabra especializada como 'adolescente' para describir este período de transición. El original griego describe este creyente como 'joven', que es, ni pequeño ni maduro.

El reto del joven creyente

El joven creyente debe aprender a usar la palabra de Dios para permanecer firme contra las influencias opuestas y tentaciones. La Palabra de Dios es importante, al igual que en la primera etapa, pero aquí, el "joven" debe aprender a enfrentar la tentación. Esta es una parte integral de ser un vencedor.

Los hechos de la vida así lo demuestran. Cuando los jóvenes crecen, deben aprender a funcionar en este mundo aparte de sus padres. Este proceso es extremadamente lento para los seres humanos con respecto a los animales, pero finalmente sucede. Mientras que los niños pequeños y preescolares estan simplemente aprendiendo a alimentarse por sí mismos, los que se acercan a la edad adulta deben aprender a trabajar para ganarse la comida para que él o ella pueda comer.

La Espada,
la
Palabra de Dios

En el lado espiritual del desarrollo, los jóvenes de más edad necesitan la Palabra de Dios pero no pueden regularmente depender de otros para alimentarlos de lo que ellos necesitan. Estos creyentes están aprendiendo a ir a la Palabra de Dios para alimentarse. Además, están aprendiendo a cómo usar la Palabra de Dios para protegerse contra el enemigo que está acechando alrededor.

Note este texto firme de Juan que aquí describe al joven creyente,

Les escribo a ustedes, padres, porque han conocido al que es desde el principio. Les escribo a ustedes, jóvenes, porque han vencido al maligno. Les he escrito a ustedes, queridos hijos, porque han conocido al Padre. Les he escrito a ustedes, padres, porque han conocido al que es desde el principio. Les he escrito a ustedes, jóvenes, porque son fuertes, y la palabra de Dios permanece en ustedes, y han vencido al maligno (1 Juan 2:13-14).

Este mundo no es tan inocente y servicial, igual que desearíamos que fuera. Hay un enemigo muy real que busca nuestra desaparición. Nos consuela la verdad de que Jesucristo ya ha ganado la guerra, pero el joven creyente necesita aprender personalmente cómo confiar en la gracia de Dios cuando se enfrenta a muchas situaciones de vida diferentes.

En el siguiente versículo, oímos la firme declaración de Pedro del poder que deriva de la verdad de Dios.

Así Dios nos ha entregado sus preciosas y magníficas promesas para que ustedes, luego de escapar de la corrupción que hay en el mundo debido a los malos deseos, lleguen a tener parte en la naturaleza divina (2 Pedro 1:4).

Los jóvenes a los que les gusta pensar que son mayores de lo que son, exigiendo la libertad sin responsabilidad. Son imprudentes e ignorantes de los desafíos que enfrentan. (Quizás esto les ayuda a estar dispuestos para cualquier reto!).

Medidas adicionales de crecimiento

Residen entre las dos etapas de "niño pequeño" y "adulto". El deseo de libertad para ser un adulto es buena. Ellos se están acercando a la idea de donde está Dios dirigiéndoles. Estos "jóvenes", sin embargo, todavía tienen patrones de pensamiento desarrollado cuando eran todavía niños, que dependía de otros para alimentarlos. A medida que maduren estas necesidades deben ser liberadas de manera que puedan avanzar en la etapa del "padre", donde puedan ellos cuidar de los demás.

El pequeño sabio establece buenas disciplinas espirituales y aprende de otros cómo usar la Palabra de Dios para luchar contra la tentación. Con un ojo agudo el joven creyente notará que hay una batalla dentro y una batalla afuera. El se preguntará porque él como un creyente enfrenta esa lucha, incluso con las cosas que él desprecia. Al mismo tiempo, él detectará la maldad en el mundo atrayéndole a caminar en sus lujuriosas y tontas maneras.

Dios ha ganado la batalla y ha equipado totalmente al joven creyente a luchar y ganar! Esto va a tomar un tiempo para aprender. Habrá fracasos asi como éxitos. Si alguien discípula a este creyente, el tiempo de entrenamiento serán acortado. El discipulador puede explicar por qué la vida espiritual funciona de la manera en que lo hace. Él o ella le puede ayudar a conectar los puntos de tal manera que las lecciones se aprenden más rápidamente. De lo contrario, el nuevo creyente puede luchar muchas batallas extra y quizás sufrir repetidas derrotas, provocando desaliento o tal vez peor.

Sabemos que es moralmente condenable no cuidar a un bebé recién nacido, pero cuidado también es necesario para el joven creyente, aunque él puede parecer maduro debido a su edad o antecedentes. La supervisión es muy útil durante esta etapa y puede contribuir en gran medida a un creyente "transparente" cuando él o ella se enfrenta a pruebas y tentaciones.

Lección

- Los jóvenes creyentes enfrentan el desafío de aprender a usar la palabra de Dios para vivir sus vidas cristianas fuertes.

- Las batallas espirituales ocurrirán en nuestras vidas nuevas a causa de que nuestra carne y el enemigo que utiliza el mundo a buscar nuestro perjuicio.

- Dios promete que Su Palabra nos puede ayudar una experimentar la victoria consistente.

- La supervisión espiritual en esta etapa puede ayudar mucho a un joven creyente confuso que no puede entender por qué ocurren ciertas cosas en su vida espiritual.

Memorizar y Meditar

- 2 Pedro 1:4

Asignación

➡ ¿Tienes una fuerte disciplina espiritual de alimentarse a sí mismo en la Palabra de Dios? ¿Por qué o por qué no?

➡ ¿Piensa usted que la entrada diaria de la Palabra de Dios es importante para una fuerte vida espiritual? ¿Por qué crees que esto?

➡ Relaciona una derrota y victoria. Reflexionar sobre cada uno de ellos. ¿Por qué caiste? ¿Por qué estabas victorioso?

➡ ¿Eres lo suficientemente maduro para saber qué decir a alguien que está luchando con la tentación?

#17
El Maduro– Etapa #3

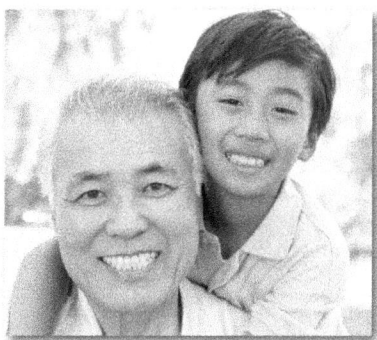

Juan dentro perspicazmente describe esta tercera y última etapa que es la de "padres". Aunque podría existir cierta vaguedad cuando uno se convierte en un "joven", la paternidad es mucho más clara. Los padres tienen hijos.

Nuestro mundo moderno ha destruido la facilidad y el placer de hablar de la vida como Dios la ha organizado debido a la corrección política. Si podemos ir más allá de esta y sólo pensar en nuestras propias familias, podemos ganar mucho la comprensión acerca de los objetivos de Dios para cada creyente, porque cada uno de nosotros ha tenido un padre. Nuestros padres no eran necesariamente buenos padres. De hecho, en los seminarios que conduzco, me parece que no hay muchas personas que han tenido buenos padres. Y aunque digan que tuvieron un buen padre, no tienen una clara comprensión de lo que es un buen padre.

Los objetivos de Dios para nosotros

Hay tres aspectos distintivos sobre la etapa del creyente maduro:

(1) Dios quiere mover a todos nosotros hacia adelante para esta tercera y última etapa de desarrollo espiritual.

(2) Dios quiere que cada uno de nosotros para guiar a otros en una nueva vida espiritual.

(3) El Señor desea que nosotros responsablemente cuidemos por aquellos que obtengan la vida espiritual que nos rodea.

En primer lugar, el Señor desea y ha diseñado de manera que cada uno de nosotros avancemos hacia la madurez espiritual.

> De este modo, todos llegaremos a la unidad de la fe y del conocimiento del Hijo de Dios, a una humanidad perfecta que se conforme a la plena estatura de Cristo (Efesios 4:13).

La etapa de 'niño' es un lindo escenario, pero no es la meta, ni es la etapa adolescente. Aún están en entrenamiento para lo que Dios tiene para ellos. El Apóstol Pablo define esta etapa 'padre' como una persona madura (no gorda, pero espiritualmente madura) con la plenitud de Cristo. Las marcas de Jesucristo deben ser claramente visibles en nuestras vidas.

Aunque Pablo usa padres aquí, es evidente que él, al igual que Juan, no está hablando sólo del desarrollo espiritual de los hombres, pero las mujeres también. Todos los creyentes, de cada país y cultura, se espera que crezcan a la semejanza de Cristo en este tiempo.

Para crecer, debemos obtener la visión de lo que Dios tiene para nosotros. Esto requiere la fe. Nuestro razonamiento podría ir como esto, "Si el Señor quiere que crezcamos, entonces significa que Él ha hecho que podamos crecer." Estas son verdades fieles (en realidad de la verdad, correctamente aprendida, contruída en fe). Una vez que sabemos que todos los creyentes deben crecer en la imagen de Cristo mientras estaba en la tierra, entonces debemos aceptar el hecho de que Dios ha hecho para que podamos crecer, sin importar los obstáculos que podamos encarar.

Pensando en los demás

En segundo lugar, el Señor ha diseñado de forma que el maduro traiga nueva vida. Estos son los hechos de la vida, ¿verdad? Nuestro mundo ha rechazado la vida y miserablemente ha distorsionado esta imagen de la procreación. Sin embargo, piense en una persona que al crecer, encuentra a una gran persona para casarse y aspira a tener hijos. Estos deseos están integrados en nosotros.

Espiritualmente hablando, nunca debemos olvidar nuestra responsabilidad de compartir el evangelio y llevar a otros a una relación con Dios a través de Jesucristo. Cuando los traemos a esta nueva relación, se convierte en nuestra responsabilidad de cuidar de ellos. No todos somos predicadores o maestros de la Palabra de Dios, pero cada persona, debe asumir el cargo para buscar la salvación y crecimiento de quienes les rodean.

Atención espiritual

Finalmente, estamos para ejercer cuidado espiritual de aquellos que nos rodean. Estamos para ayudar a los que dirigimos al Señor, pero también somos responsables de ministrar a aquellos que Dios pone en nuestras vidas.

Estratégicamente cuidando por otros

En este mundo móvil con personas que cambian regularmente de empleo, los cristianos están moviéndose alrededor del mundo a un ritmo vertiginoso. Los creyentes de otras partes del país o del mundo, podrían estar ubicados cerca de nosotros. Necesitamos deliberadamente buscar oportunidades para servir a otros. No hacemos esto por orgullo, porque esto significa cuidar

Sus ovejas de Dios. Él utiliza más creyentes maduros para cuidar de quienes nos rodean.

En muchos países las enfermedades y los desastres están creando incontables huérfanos. Es humillante ver cómo muchas iglesias y pastores han acudido a adoptar a estos niños, aunque ellos mismos no tienen suficientes alimentos para sus propias familias.

De manera similar, debemos hacer nuestro trabajo como la iglesia para asegurarse de que todo el mundo está siendo 'engendrado', es decir, alguien esta cuidando espiritualmente de ellos. Este es el espíritu dando lugar a la carga de Dios para hacer discípulos y para el desarrollo de los creyentes en el amor y cuidado de Dios. El desarrollo de pequeños grupos en muchas iglesias pueden ayudar mucho en este proceso, pero siempre habrá algunos que no encajan dentro de nuestros programas. Estemos alerta a sus necesidades.

Qué vergüenza si un padre, porque él busca estar cómodo, ignora la necesidad de sus hijos. Lo que está mal.

En una luz positiva, el cuidado de otros es la gran oportunidad de Dios para transferir Su amor y sabiduría a otros. Para los hombres esto incluiría su voluntad de dar el paso al para posiciones de liderazgo en la iglesia. Esto incluiría también el mentorado especial entre una pareja y otra, una hermana con su hermana, un hombre con otro hombre. Preste atención a las necesidades de aquellos que le rodean. Dios solo desea utilizarte para ayudarles a crecer.

Lección

- Los"padres" son creyentes maduros que han sobrepasado mas allá las luchas del joven creyente y son capaces de centrar su atención en otros.

- El pueblo de Dios pueden y deben crecer hacia la plena madurez en Cristo.

- Somos responsables para transmitir la verdad de la vida de Dios a los demás y cuidar de su desarrollo espiritual.

Memorizar y Meditar

- Efesios 4:13

Asignación

➡ ¿Durante cuánto tiempo has sido un seguidor de Jesús? Es usted un 'padre espiritual'?

➡ ¿Ha tenido el cuidado de los jóvenes creyentes en Cristo? Cómoha ido? ¿Cómo podría haber sido mejor?

➡ ¿Hay alguien alrededor de usted que ahora están cuidando?

#18
El Ciclo de Vida

Entrando, Saliendo

El ciclo de la vida no sólo es cierto en el reino físico, sino también en el mundo espiritual también. Hemos nacido en el mundo, a través de luchas de crecimiento y de traer a otros al mundo y cuidar de ellos. A continuación, podemos salir de este ciclo y dar a otros la oportunidad.

Esta imagen del conjunto nos ayuda a desarrollar una mayor claridad en cuanto a las limitaciones de tiempo y de trabajo especial que Dios tiene para cada uno de nosotros en esta vida. No estamos aquí indefinidamente; el tiempo y las oportunidades son limitadas de los productos básicos. Los principios de esta mentalidad puede ser captado, más podemos comenzar a entender los propósitos de Dios para traernos a su esfera de gracia.

Aunque nuestro tiempo en la tierra es corto, éste poderosamente da la forma eterna. Nuestras decisiones diarias son mucho más importantes de lo que nosotros normalmente apreciaríamos. La forma en que cada uno de nosotros lleva a cabo nuestras vidas tiene una gran influencia en nuestras vidas en la eternidad. Dios hace seguro de ello.

Ganar una comprensión de todo

La comprensión del alcance completo del crecimiento espiritual nos proporciona una ventaja en la vida productiva y cumplida. Aquí están tres maneras como esto sucede:

- La receptividad - nos despierta más fácilmente la importancia de nuestro estado actual en la vida.

- Claridad - obtendremos una imagen bastante clara de lo que ya tenemos o no ha trascendido a través de nuestras vidas.

- Foco - Afinar nuestra determinación en alcanzar la madurez y la realización de su plan en particular para nuestras vidas.

El ciclo de vida no es solo verdadero en el plano físico, sino también en el mundo espiritual también. Somos nacidos en el mundo, vamos a través de luchas en el crecimiento y hacemos nuestra parte al traer a otros a este mundo y cuidarlos. Damos luego paso al ciclo dando a otros oportunidad.

Esta imagen del todo ayuda a desarrollarnos claramente hasta el tiempo límite y trabajo especial que Dios tiene para cada uno de nosotros en esta vida. No estamos aquí indefinidamente, el tiempo y la oportunidad son limitados.

Mi padre solía medir nuestro crecimiento marcando la puerta con una marca de lápiz. Yo siempre estaba emocionado de ver lo mucho que había crecido. Lo mismo ocurre con nuestras vidas espirituales. Los creyentes son naturalmente curiosos acerca de su crecimiento espiritual personal. Algunos de ellos pueden ser competitivos, pero hay una sana anticipación de crecimiento más conducente a la plena madurez. Este crecimiento va a continuar desarrollándose en este mundo, incluso después de que hayamos alcanzado la etapa de madurez.

El problema subyacente de gran parte del descuido espiritual entre los creyentes es que ellos no tienen objetivos y, en consecuencia, se estancan en su desarrollo espiritual. En lugar de centrarse en lo que Dios se encuentra haciendo en sus vidas, se distraen con problemas personales, enredados en el orgullo religioso o están atrapados en el mundo.

Dos corazones lloran

Después de leer la Biblia los libros de Josué y Jueces, me volví muy consciente de dos profundos lloros en mi corazón.

(1) El Libro de Josué llama mi corazón a la esperanza para la gran obra de Dios a través de mi vida. Todo es posible. Nada puede retrasar la obra de Dios en mí o la iglesia local o en todo el mundo.

(2) El Libro de Jueces humilla mi corazón. Me acongoja sobre cómo he descuidado las responsabilidades de mi vida. He descuidado en llevar a cabo lo que pude haber hecho muy bien.

El pleno potencial de la victoria se encuentra justo al lado de la terrible vergüenza de la derrota. Cada uno me recuerda al otro de lo que podría ser. No somos víctimas, de alguna manera atrapados en la servidumbre del no crecimiento; cada momento nos encontramos en el umbral de la oportunidad.

A medida que avanzamos a través de ese portal, podemos evaluar dónde estamos en nuestro desarrollo espiritual. Nuestros corazones están agradecidos de lo que Dios ha hecho, pero a menudo hay aquellas formas que hemos ignorado de los principios de la vida, al igual que en los Jueces. Lo que una vez nos entusiasmaba ahora ha descendido de la vista.

Aquí están algunas oportunidades en la vida. ¿Cuáles son las suyas?

- Está viviendo con una horrible cónyuge?
- Es su jefe insensible a sus capacidades?
- Alguien simplemente ha 'robado' a tu chica?
- ¿Está usted convirtiéndose en malhumorado al envejecer?

Si observamos los problemas en los que nos rodean o en nuestras propias vidas, necesitamos recordar que estamos sentados junto a la victoria. ¿Usted alguna vez ha notado que el poder del enemigo nunca realmente importa en la Biblia? Esto es simplemente porque Dios siempre es mayor, y por lo tanto, en el libro de Josué se encuentra justo al lado de los Jueces como nuestro recordatorio.

Naturalmente, no podemos recuperar el pasado, pero podemos dar el salto al futuro llenos de confianza de que el Señor en alto desea para maximizar nuestro servicio- sin importar nuestros fracasos del pasado. Dios está preparado y listo para guiarnos en el día de hoy.

El apóstol nos amonesta diciendo, "Así que tengan cuidado de su manera de vivir. No vivan como necios sino como sabios, aprovechando al máximo cada momento oportuno, porque los días son malos. Por tanto, no sean insensatos, sino entiendan cuál es la voluntad del Señor" (Efesios 5:15-17).

El tiempo es uno de los aspectos de la vida que nos afecta a todos. Afortunadamente, por la gracia y un humilde corazón que busca de Dios, aunque Él puede compensar el tiempo perdido. Hacer vino lleva tiempo debido al proceso de fermentación, pero Jesús convirtió el agua en vino, pero en un momento.

Tu gráfico de crecimiento espiritual

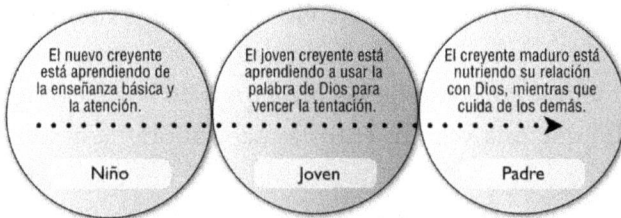

| El nuevo creyente está aprendiendo de la enseñanza básica y la atención. | El joven creyente está aprendiendo a usar la palabra de Dios para vencer la tentación. | El creyente maduro está nutriendo su relación con Dios, mientras que cuida de los demás. |

| Niño | Joven | Padre |

¿Cuántos años espiritualmente mayor eres?

Clarify where you are on the spiritual life chart. Note where you should be. Seek the Lord that He would move you to where you should be and seek to increasingly bear fruit for Him in your life.

Lección

- Nuestro tiempo limitado coloca una urgencia en identificar dónde estamos en el gráfico de crecimiento espiritual y nos empuja a seguir adelante.

- Dios quiere trabajar estratégicamente a través de nuestras vidas, pero un mayor crecimiento y madurez son requisitos esenciales.

- Cuando tenemos el propósito de crecer, el crecimiento repentinamente se vuelve más fácil y emocionante.

Memorizar y Meditar

- Efesios 5:15-17

Asignación

➡ Indique dónde está en el gráfico de crecimiento de la vida espiritual. ¿Por qué te sugiere ese punto?

➡ ¿Tiene sentido la urgencia de crecimiento espiritual? En cualquier caso, hable con el Señor acerca de este asunto y pedirle que resalte sus prioridades en la vida en este punto.

➡ Identifique una tarea, rutina, tema, mejora, etc. que puede ayudarle a centrarse en la adopción de los cambios que se requiere para su crecimiento personal. Anote cómo y cuándo aplicará esto. Hablar con el Señor nuevamente sobre esto (Proverbios 3:6).

La Fuente de la Vida y El Núcleo de la Vida

Capítulos 19-32

#19
El Propósito del Discipulado

Enseñando para aprender

Por el momento los creyentes escuchan acerca de estas tres etapas que son a menudo ya muy alentadoras. Cuando entienden la idea es como si se les habría dado un nuevo juego de piernas. La mayoría de ellos nunca han considerado la posibilidad de pensar acerca de la vida cristiana en etapas. Esto incluye la mayoría de predicadores y maestros cristianos. A causa de esto, no hay muchas herramientas de evaluación que hayan sido creadas para ayudarnos a medir dónde estamos en nuestra vida espiritual.

Las cosas que no sé

Los creyentes suelen pensar que la vida espiritual es poco clara y confusa. Su resumen es algo similar a esto: "Soy salvo y se supone que debo mirar hacia el cielo." Ellos están bastante confusos acerca de lo que el camino de santificación debe parecerse.

Mi esposa y yo capacitamos a los padres en la crianza de sus hijos. Nos encontramos con el mismo problema. Con menos experiencia en el hogar debido a la falta de grandes familias o quedarse en casa las Mamás, las parejas jóvenes no saben cómo cuidar a sus pequeños.

Uno pensaría que los conceptos básicos tales como la crianza de un niño o la lactancia materna serían instintivos, pero no lo son. Hay cosas que uno debe aprender a amamantar correctamente y criar buenos hijos. El instinto puede ser frustrante e inútil a veces! Esta es la razón por la cual los hospitales y clínicas de parto han agregado a esas clases.

Lo mismo ocurre con las enseñanzas de Cristo. ¿Podemos solo sentir la presencia de Dios y adorarlo? ¿Los creyentes sólo crecerán naturalmente? No, no funciona de manera innata como que, al menos en nuestro mundo caído. Incluso las Escrituras hablan que muchos tienen problemas al correcto entendimiento de los asuntos espirituales, tales como: la moralidad (Romanos 2:14-15), la presencia de Dios y poder (Romanos 1:19-20), o lo equivocado del egoísmo. Estas cosas pueden no estar claras. Mientras tanto, nuestros sentidos pueden anular fácilmente qué conocimiento tenemos.

Esta es la razón por la que Jesús nos dijo de hacer discípulos. Vamos a llevar a los demás hacia donde aprenderán acerca de lo que Jesús dice y lo que ha hecho. "Enseñándoles a obedecer todo lo que les he mandado a ustedes" (Mateo 28:20).

Me alegra ver que más gente enseñando y escribiendo sobre el discipulado en los últimos años, sin embargo, estoy consternado por el hecho de que la gente piensa que tiene que ver en gran medida con un método más que una ruta, centrándose más en la relación personal más que con el contenido. Valoro el enfoque sobre la manera de capacitar a otras personas individualmente. También enseño esto porque es, en muchos casos, un arte olvidado y relegado a costosas sesiones de consejería. Necesitamos ir más allá de esto, sin embargo. Nuestro propósito es enseñar para que otros aprendan. Este "aprendizaje" es el verdadero significado del discipulado. La mayoría de nosotros se siente mucho más cómodo con la enseñanza cuantitativa, aquellas cosas que se pueden probar y medir. La educación occidental nos ha capacitado para ello. Las cuestiones espirituales, sin embargo, no son tan fácilmente probadas y son por lo tanto:

(1) Más fácilmente ignoradas.

(2) Sin claridad (salvo correctamente enseñado)

(3) Aparentemente menos relevante

Paul y otros afirman la importancia de los cambios que tienen lugar cuando se aprende con razón acerca de Jesús, "Y ponerse el ropaje de la nueva naturaleza, creada a imagen de Dios, en verdadera justicia y santidad" (Efesios 4:24).

La renovación de la mente (4:23) es importante, pero se debe seguir con la suficiente claridad y convicción para llevar la transformación necesaria.

Acercarse más y más a Dios

El poder de las verdades en 1 Juan 2:12-14

Estoy emocionado al enfoque de enseñanza presentado en 1 Juan 2:12-14. Juan a la vez que lo hace muy fácil de aprender porque todos estamos familiarizados con la analogía de la familia, probablemente al haber crecido en una familia o al menos han visto a otros crecer en una. Dios hace que sea fácil de aprender y crecer.

A más de esto, sin embargo, Juan ofrece un sistema completo que nos ayuda a aprender mejor las piezas individuales. Estas tres etapas fueron mencionadas en la sección anterior, pero esto es solo el principio. El aprendizaje espiritual es muy similar a caminar en el agua lo más y más profundo en el océano. Podemos ser golpeados por una ola inesperada o no ser capaz de ver el fondo, pero Dios nos está llamando a salir más en las aguas más profundas. Él quiere que nosotros confiemos en Él con lo que Él trae a nuestras vidas para que podamos disfrutar más de su gloriosa persona y planes.

Desde el punto de vista del entrenamiento

En esta sección, *La Fuente de la Vida y El Núcleo de la Vida*, mostraremos cómo el sistema entero se interrelaciona con las piezas desde un punto de vista educativo y de entrenamiento. Hemos hecho esto en forma limitada a nivel personal, pero es importante utilizar esta "herramienta" o análisis para examinar el entrenamiento en la iglesia en general.

Este enfoque nos ayuda a idear métodos prácticos de entrenamiento que puedan ser aplicadas en nuestra enseñanza que contribuya aún más a inducir el desarrollo espiritual en nuestro entrenamiento como contraposición al de aprendizaje basado en el conocimiento. No estoy seguro de que podamos producir las mediciones cuantitativas que los maestros suelen buscar, pero sin duda podemos ayudarle a alcanzar las metas que Dios tiene para nosotros cuando entrenamos a otros.

Idealmente, un maestro cristiano, ya sea en la iglesia o en la escuela, desea que cada estudiante crezca espiritualmente a su plenitud en Cristo. Si esta es nuestra meta, entonces debemos cultivar la atmósfera adecuada para fomentar avidez de aprendizaje. El discipulado es un concepto clave que nos ayuda a avanzar hacia las metas que Dios tiene para nosotros.

Lección

- El discipulado describe el aprendizaje que ocurre cuando un creyente más maduro asiste a un joven a aprender cosas esenciales acerca de Jesús para que ellos puedan saber cómo vivir fuertes, vidas como Cristo.

- El desafío del entrenamiento cristiano, formal o informal, es tener al creyente que realmente experimente la transformación divina.
- La falta de enfoque en la medición de conocimientos, resulta difícil evaluar el aprendizaje cuantitativo.
- La transformación de la vida que se lleva a cabo al llegar a conocer a Dios a través de Cristo es emocionante; el maestro es capaz de ver los cambios en el estudiante.

Memorizar y Meditar

- Efesios 4:24

Asignación

➡ Da un ejemplo de cuando usted ha aprendido acerca de algo, pero carecía de la convicción para ponerlo en acción.

➡ Diría que actualmente está deseoso de crecer espiritualmente? ¿Por qué o por qué no?

➡ ¿Alguna vez has discipulado a alguien? ¿Quién? ¿Cuándo?

#20
El Núcleo de la Vida

La mayoría de nosotros vivimos nuestras vidas totalmente ajenas al funcionamiento interno de la tierra. Quizás, cuando hay un terremoto, algunos de nosotros podría preguntarse acerca de lo que yace debajo de nuestros pies, pero la mayoría de nosotros en la vida nunca se detiene para pensarlo.

Gran parte de nuestra vida cristiana es la misma. Los cristianos son totalmente conscientes de lo que pasa por debajo de la superficie de su vida cristiana. Aunque el proceso de santificación se ha estudiado y escrito extensivamente, subsiste una sutil y oculta ignorancia acerca de lo más esencial de la vida espiritual.

Anteriormente en el libro, se describe el poder de la fuerza de la vida trabajando a través del agente del Espíritu Santo. La vida no es sólo una fuerza general pero es personal, con una voluntad y propósito. Cuando alguien conscientemente trabaja junto con el propósito del Espíritu, entonces el poder de esa fuerza se siente y comprende más fácilmente. Cuando los creyentes son ignorantes de la intención del Espíritu, entonces viven en una vida de ignorancia que genera diversas formas de confusión, dejando al creyente que viva contrariamente al Espíritu!

Han habido movimientos asociados con el cristianismo que han identificado ciertas secuencias de la obra del Espíritu Santo. Se han emocionado al detenerme en lo que ellos llaman la "plenitud del Espíritu", pero, desafortunadamente, más a menudo que no, ellos también son ignorantes del gran propósito de Dios en sus vidas.

El apóstol deliberadamente intercala 1 Corintios 13, el capítulo de amor, entre los dos capítulos 12 y 14 que abordan los dones del Espíritu Santo. Estos dones son realmente importantes o no se hubieran mencionado. Sin embargo, observe cómo el apóstol interrumpió ese debate para apuntarnos a algo mayor, "Como no es así, ustedes deben procurar los mejores dones. Pero yo les muestro un camino aun más excelente.. " (1 Corintios 12:31).

Centrándose en las cuestiones del corazón

Todo lo que Dios hace en nuestras vidas es a través de Su Espíritu-haciéndonos más santos como Cristo es el propósito fundamental del Espíritu Santo. Los dones sin vida santa serán mal usados y abusados.

El funcionamiento interno del Espíritu Santo y propósitos son lo que hemos llamado el "núcleo de la vida", porque es el corazón de todo lo que hacemos como creyentes. El Espíritu Santo trae la vida pero también ilumina al creyente. Él no sólo nos da dones espirituales, sino que habla a través de la Palabra de Dios para agitar en nosotros a vivir nuestras vidas de fe.

Pero cuando venga el Espíritu de verdad, él los guiará a
toda la verdad; porque no hablará por su propia cuenta,

sino que hablará todo lo que oiga, y les hará saber las cosas que habrán de venir... (Juan 16:13).

Lamentablemente, podemos saber acerca del Espíritu Santo sin ser afectados por Él. Este es uno de los problemas básicos de nuestro sistema de educación basada en el conocimiento de nuestro aprendizaje que no está muy bien aplicado a nuestras vidas. El viento puede soplar sin nosotros, siendo muy consciente de la brisa. Lo contrario es algo verdadero, también. Las personas pueden ser movidas por el Espíritu Santo sin entender a Él y de Su propósito. Eso es ignorancia.

Vivir en contra los propósitos buenos y divinos del Espíritu Santo se llama "desobediencia". Algunos saben lo que el Espíritu Santo quiere que hagan, pero no llevan a cabo lo que Él quiere en la forma en que Él desea que sea completado. El rey Saúl es un ejemplo triste y frustrante de esta dureza de corazón. Despilfarró muchas buenas oportunidades de aprendizaje por olvidar su lección.

Examinar nuestras actitudes nos ayuda a tener una mejor imagen del interior de las personas. Vamos a dar, pero no a regañadientes (2 Corintios 9:7). Estamos para servir a los demás sin queja alguna. Cuán rápido nos movemos para lograr lo que Dios nos muestra es una prioridad.

Dos respuestas generales a Dios

Cuando nos desentrañamos a lo que Dios está haciendo en nosotros a través del Espíritu Santo, resulta mucho más fácil y más alegre de alinearnos con Él y Sus propósitos.

La ignorancia y la dureza forman una varrera

El conocimiento y el deseo inducen a la semejanza

Dos modelos: el Espíritu Santo es la interacción con un creyente

En el diagrama de arriba, vemos cómo la ignorancia y dureza de corazón forman una barrera entre el creyente y el Espíritu Santo. En el lado derecho de la barrera se baja, permitiendo un flujo del Espíritu Santo en la vida del creyente. El creyente, entonces, se convierte en algo más parecido al Espíritu Santo. Este es el verdadero significado de "llenos del Espíritu"- ser completamente influenciados por la persona del Espíritu de Dios.

El entrenamiento cristiano debe identificar claramente los propósitos del Espíritu Santo a fin de que el pueblo de Dios pueda unirse a la obra de Dios. Lamentablemente, muchos no pueden explicar claramente este trabajo y así el pueblo de Dios como un todo son ignorantes de lo que pasa por debajo de la superficie de su vida cristiana. Los creyentes viven fuera una vida débil, anémica comparada con lo que Dios quiere para ellos.

La fuerza del creyente viene conectando y afirmando su voluntad con la obra del Espíritu Santo (Romanos 12:1-2).

Lección

- Muchos creyentes son ignorantes de la finalidad del propósito del Espíritu Santo en ellos y por lo tanto son inconscientes o sospechan de su trabajo.

- Cuando el creyente no está dispuesto a responder a la obra del Espíritu Santo, una dureza espiritual y reticencia se desarrolla.

- Cuando aclaramos cómo Dios realiza Sus propósitos de santificación a través del Espíritu Santo, recibimos una perspectiva más amplia de nuestra vida espiritual, lo que nos permite comprender y abrazar la llenura del Espíritu viviente.

Memorizar y Meditar

- Juan 16:13

Asignación

➡ Lee el Evangelio de Juan 16:5-15. Escribe las cosas que observas sobre el Espíritu Santo.

➡ Piensa de una época reciente cuando luchabas con el estímulo del Espíritu de hacer o no algo. ¿Qué fue eso? ¿Cómo respondiste?

#21
Comprendiendo la Visión

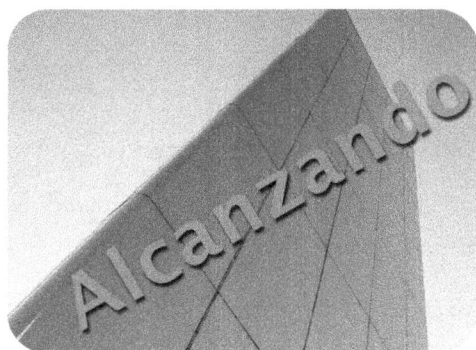

Como maestros y entrenadores, necesitamos entender todas las implicaciones de lo que Dios tiene para cada creyente, así como para nuestras propias vidas. ¿Por qué? Porque esta es la fe que Dios quisiera que alcancemos, conservemos y transmitir a los demás.

Hay muchos hoy en día hablando de objetivos, declaraciones de misión y visión, pero realmente se han incrustado en las escrituras, mucho antes de que los hombres y las mujeres de hoy pensamos de ellos. Dios actúa según un diseño, porque Él está cumpliendo Su gran plan. La obra de la creación es un plan maravilloso, pero también lo es Su obra maestra, la Iglesia de Dios, su plan de redención (ver Colosenses 1:15-20).

2 Crónicas 29 describe la asombrosa transformación que tuvo lugar en Judá durante las reformas de Ezequías. Ellos penetraron mucho más adentro que las anteriores reformas de los pasados reyes porque tuvieron una esperanza de lo que podría ser.

Esa esperanza viene de escuchar la Palabra de Dios. Él envisionó que lo Dios quería con respecto al mantenimiento de la Pascua, y así actuó en consecuencia e invitó a todos los de Israel, en lugar de sólo el sur del reino de Judá. Él hizo esto porque las escrituras destacaron la importancia de que todos los hombres de Israel participan. Participó en la controversia política para llevar a cabo la Palabra de Dios.

Nuestros objetivos deben derivarse de lo que encontramos en la escritura en lugar de lo que la cultura nos dice es importante. La Biblia enseña que Dios quiere para nuestros matrimonios, la vida de la iglesia, relaciones personales, y muchos otros aspectos de nuestras vidas. Cuando la Palabra presenta algo diferente de lo que experimentamos o pensamos, nos desafía con dos preguntas:

(1) ¿Usted cree que las metas de Dios para usted deberían dar forma a sus metas personales? ¿Es así?

(2) ¿Usted cree que Dios le puede ayudar a alcanzar estos objetivos?

Metas y fruto

Así como cada una de las plantas en nuestro jardín (incluso una indeseada mala hierba!) está programada para crecer según un plan oculto, así el Espíritu Santo está desarrollando Su plan en cada uno de nosotros. Nuestra principal esperanza de este libro es revelar el vínculo entre los planes ocultos de Dios y el poder de Jesucristo con nuestras propias vidas.

Por supuesto, que cada persona y ministerio es único, pero existen elementos comunes. Piensa en las raíces de las plantas, ramas, hojas y frutos. Cada planta es única y también lo es el contexto, y sin embargo, hay elementos comunes de función. La planta de zarzamora tiene similitudes con la frambuesa y aún sigue siendo muy diferente. La diferencia va mucho más profunda que los colores de las bayas.

Hay características similares sobre cómo los creyentes cristianos viven sus vidas de Dios, pero también habrá convocatorias únicas y expresiones del propósito de Dios de cada seguidor de Cristo. A medida que siguen comprometidos con el crecimiento y consagrándose al Señor, nuestro buen Señor, en el momento apropiado, revela estas cosas a ellos.[4] Una planta no da fruto hasta que madura. Si una planta es saludable y fuerte, puede dar mucho fruto bueno.

Hay, entonces, un ministerio fundacional básico para equipar a toda la gente de Dios, también un entrenamiento más específico para entrenar personas como su participación única en la obra en el reino de Dios que comienza a aclararse. Es aquí donde veremos el crecimiento y los cambios más significativos que tienen lugar a medida que empiezan a 'dar fruto.' Nadie espera el fruto maduro de una planta joven, ni deberíamos tempranamente centrarnos en el desarrollo del fruto. De igual manera, es más importante centrar nuestras energías en identificar cuando un creyente en particular está en su crecimiento, y luego fomentar cualquier desarrollo si es necesario. El fruto llegará con el tiempo; Dios lo ha hecho de esta manera.

> Ya sea que él duerma o esté despierto, de día y de noche la semilla brota y crece, sin que él sepa cómo. Y es que la tierra da fruto por sí misma: primero sale una hierba, luego la espiga, y después el grano se llena en la espiga (Marcos 4:27-28)

Este es el empuje de la fuerza vital que impulsa a nuestras nuevas vidas en Cristo. Él esta trayendo Sus propósitos y quiere que

---

[4] El problema de sincronización a veces se convierte en un lugar de pruebas como se hizo en Abraham en Génesis 16.

produzcamos fruto manteniendo los buenos y excelentes propósitos de Dios.

Algunas personas, lamentablemente, se abstiene de pensar acerca de las metas y estándares. Si bien se entiende, el entrenamiento nos conduce hacia el logro de esos objetivos, no lejos de ellos.

Piense en un pequeño bebé arrastrándose por el suelo. Los padres pueden empezar a soñar en el futuro, cuando el niño se convierta en un adulto. Podrían decir cosas como, "Cuando contraiga matrimonio...." 'Cuando crezca....'

Las etapas de vida de una persona como infante, niño, adolescente son todas temporales porque son formativas o preparatorias. Un buen entrenamiento empieza por determinar si un individuo es y luego, paso a paso, implementando el cuidado y enseñanza espiritual necesaria. Sin un conocimiento y experiencia, nosotros simplemente imitamos lo que hemos experimentando. Eso es bueno hasta cierto punto, pero todavía estamos más entrenando en la ignorancia.

Entrenamiento y padres

Mi esposa y yo enseñamos clases para padres. Cuando recogemos preguntas (y hay muchas de ellas!), mi esposa sabiamente identifica de qué edad el niño es antes de contestar sus preguntas. En los primeros años de vida, un año o dos puede hacer una enorme diferencia entre los consejos que uno haría.

Cuando comprendemos lo que Dios tiene para nosotros en cada etapa de nuestra vida cristiana, entonces el "cómo" del entrenamiento se vuelve mucho más claro tanto para el entrenador y el estudiante. No sólo estamos cumpliendo algo al azar del programa de la iglesia , pero entrenar para ayudar a equipar a los creyentes a cumplir con metas específicas, dependiendo de su nivel de madurez.

Como entrenadores, o más adecuadamente mentores, ambos tanto mi esposa como yo estamos descubriendo la voluntad de Dios cuando trabajamos junto al Señor, buscando la mejor manera de incorporar ese entrenamiento a las vidas de estos discípulos. Esto no es diferente de cómo buenos padres entrenan a sus propios hijos.

El propósito y el poder de Dios

La mejor cosa sobre este proceso es el hecho de que Jesucristo es la fuerza de la vida que crece en nosotros y que nos conduce hacia su objetivo de ser como Él. Esto no es al azar, sino un proceso muy especializado. Dios vive en nosotros para llevar a cabo sus propósitos!

No necesitamos crear esta vida ni forzarla a crecer. Si es genuina, habrá ese manejo innato para crecer y dar fruto. Simplemente estamos trabajando junto con lo que Dios está haciendo, mucho como un granjero cuida su jardín. Recuerde, Jesús le dijo a Pedro "Apacienta mis ovejas." Pedro no necesitaba dar a las ovejas vida sino sólo alimentar y ocuparse de ellas como un buen pastor.

El entrenamiento comienza con nosotros y luego puede ser más fácilmente transferido para entrenar a otras personas. El entrenamiento, entonces, es simplemente enseñar a otros lo que Dios ya ha venido haciendo en nuestras propias vidas.

Lección

- La visión espiritual nace de verdades escriturales que conforman nuestras expectativas y enfoque.

- Los objetivos deben ser específicos para cada etapa de desarrollo espiritual.

- No estamos ideando creativamente las metas para guiar el crecimiento pero observando cuidadosamente lo que Dios ha dicho en las escrituras y conectándolo a nuestras vidas.

- Dios tiene planes especiales para cada creyente para llevar el amor de Dios y la luz de este mundo. Este es su fruto (llamado también "buenas obras").

Memorizar y Meditar

- Marcos 4:27-28

Asignación

➡ ¿Cuáles son los objetivos de Dios para usted en este momento en su vida? Intenta identificar al menos tres.

➡ ¿Cómo responde para hacer y establecer metas? ¿Estás emocionado o frustrado por el proceso? Explique por qué.

➡ ¿Cuál es el objetivo a largo plazo que tiene Dios para algunas plantas de jardín o los cultivos? ¿Qué significa esto en el contexto de su vida espiritual?

➡ Recuerde usted del proceso para alcanzar el objetivo mencionado anteriormente y, a continuación, piense de unos cuantos creyentes alrededor de usted. Ore por cada uno y que Dios ayude a ellos a crecer. Si Dios habla a su corazón en una manera de ayudarlos, siga.

#22
Nuestras Limitaciones

El objetivo a largo plazo del creyente es crecer en la semejanza de Cristo, pero esto debe definirse de manera más específica. Lo que más claramente nos imaginamos es lo que Dios quiere para nuestras vidas, lo más fácil es conseguir este objetivo.

Como entrenador, una escuela, un padre de familia, etc., descubriremos rápidamente los objetivos de Dios para aquellos que estamos trabajando van mucho más allá de lo que podemos hacer. Eso es algo que tenemos que reconocer y aceptar.

En primer lugar, aceptar que nuestro entrenamiento con un cierto individuo será sometido a las limitaciones de tiempo de un mes, un año, cinco años, etc. Del mismo modo, nuestro tiempo con ellos también variará. Podemos enseñar una clase de una hora a la semana o personalmente varias veces cada semana de uno-a-uno con alguien.

Segundo, es importante pensar de nosotros mismos como asistentes de Dios. Dios está realizando Sus propios objetivos en cada individuo. Él trabaja a través de nosotros para ayudarle a elaborar Sus propósitos en otros. Jesús reprendió poderosamente tanto a quienes se veían a sí mismos 'encima' de los otros, así como aquellos que trabajan independientemente de los propósitos de Dios.

"Pero ustedes no busquen que los llamen "Rabí", porque sólo uno es el Maestro de ustedes, y ése es el Cristo; y todos ustedes son hermanos... Tampoco se hagan llamar "maestros", porque sólo uno es su Maestro, y es el Cristo." (Mateo 23:8,10).

Jesús no quiere decir que no debamos tener maestros o llamar a ciertos individuos como maestro (ej. rabino, vea Santiago 3:1), pero Él estaba abordando nuestras actitudes acerca de nuestros grados, la posición y la investigación. Tenemos que

METAS A LARGO PLAZO
TIEMPO
PROPÓSITO
METAS A CORTO PLAZO

darnos cuenta de que estamos trabajando junto con Dios, para facilitar un desarrollo espiritual de la persona. Aunque sea significativo, no somos la llave. La imagen de nutrir la vida física nos ayuda aquí. Nosotros no provocamos que una persona crezca, pero sólo facilitamos su crecimiento.

Discerniendo acertadamente nuestra parte

Cuando damos un paso atrás en las posiciones de nuestra escuela o iglesia, podemos ver que podríamos tener el don de liderazgo o la enseñanza dada por el Espíritu Santo (Romanos 12:7-8). Ese mismo Espíritu utiliza lo que Él imparte en nosotros para seguir el crecimiento de los demás. Nuestro período de entrenamiento podría parecer frustrantemente corto, pero tiene fe. Confiar en Dios para la formación que tiene lugar en ese período de tiempo. Anticipar cuál es la mejor manera de fomentar ese crecimiento que Dios quiere traer a la vida del estudiante o discípulo durante ese tiempo.

Recuerde también es este "gran trabajo" de Dios. Trabaje en la confianza que el Señor tiene un trabajo completo en mente para cada individuo y nuestra parte es pequeña (pero significativa).

Descubriendo nuestras limitaciones

Después de examinar cuáles son los objetivos a largo plazo, serán lo mismo para cada creyente, necesitamos discernir qué etapa específica de crecimiento la persona con la que estamos trabajando está. Considerando nuestro tiempo, situación, recursos, regalos y el propósito de Dios, que está Dios tratando de cumplir a través de este tiempo? Veamos cada uno de estos aspectos.

Tiempo: Determinar cuánto tiempo podríamos tener con el aprendiz. Por ejemplo, podríamos tener trece horas de clase. Planear qué puede hacerse en cada hora y asegúrese de utilizar tareas para llevar a casa.

Situación: ¿La situación de aprendizaje es una clase de escuela dominical de adultos, una clase de la universidad, hora de tutoría, o algún otro lugar? Nuestras situaciones a menudo nos dirigen hacia lo que tenemos que discutir, y esperamos ver cómo esto encaja en el objetivo mayor. Por ejemplo, el pastor querrá que usted utilice un folleto de discipulado de ocho semanas cuando hay encuentro con un cierto creyente, o el seminario quiere que cumpla sus objetivos.

Recursos: Nuestros recursos moldean en gran medida lo que podemos hacer. Un lugar puede tener libros, mientras que otro no tiene materiales impresos en absoluto. Uno puede tener equipos mientras otro incluso no tiene suficientes fondos para viajar a clase. Estar alerta a estas necesidades. Los recursos limitados a menudo desafían la capacitación efectiva, pero tal vez Dios está entrenándote a través de las difíciles circunstancias para alentar aún más a otros cómo Dios puede trabajar, a pesar de las limitaciones.

Dones: Esperamos que lo que hacemos se alinea con lo que Dios nos ha dotado espiritualmente a nosotros. Esto es importante porque hemos aumentado la fe para llevar a cabo nuestros servicios a lo largo del alineamiento de nuestros dones espirituales. Recuerde, sin embargo, nuestros dones no podrían funcionar como queremos en una situación particular. Esto requiere la paciencia y la búsqueda de la sabiduría de Dios.

Los propósitos de Dios: Este es quizás el aspecto más importante de todos. Dios no está limitado por nuestras limitaciones, incluso de nuestros dones o recursos. Esta es la razón por la que la oración y una liberación cuidadosa de lo que Dios está deseando hacer a través de estas horas o minutos es importante.

La comprensión de nuestras funciones

Algunas personas se sienten más cómodas y listas, mientras que otros están confundidos y desamparados. Cuanto más nos apropiamos de lo que Dios quiere hacer, más vemos cómo podemos contribuir muy poco. No importa cuán pequeño esa tarea podría ser, Dios todavía valora mucho su servicio. Nunca es para ser despreciado.

Piense en el hombre de pie con una manguera para regar sus plantas que necesitan desesperadamente. Él no está dando vida o crecimiento, pero a través de su servicio, Dios es capaz de llevar a cabo Sus obras mayores. Servicio pequeño? Sí. Gran aporte? También sí.

Yo sembré, y Apolos regó, pero el crecimiento lo ha dado Dios. Así que ni el que siembra ni el que riega son algo, sino Dios, que da el crecimiento (1 Corintios 3:6-7).

Así, aunque debemos ser conscientes de nuestras numerosas limitaciones, nosotros no permitimos disminuir las normas de Dios o que nos causan despreciar nuestras contribuciones. Tampoco pensemos más de nosotros de lo que es propio. La falta de fe (duda) así como el orgullo son destructores de la maravillosa obra de Dios que Él desea hacer en la vida de los demás.

Fortaleciendo nuestra fe para entrenar

Cuando examinamos los objetivos de Dios (estos pueden ser significativamente diferentes de su pastor o jefe de departamento de metas), nos preguntamos cómo podemos cumplir estos objetivos con las limitaciones, o de lo contrario con el tiempo. Necesitamos un milagro.

Cada vez que realizo un seminario de capacitación de tres días bilingüe en el extranjero para líderes cristianos, me enfrento a este dilema. El tiempo es limitado. El idioma es una barrera. Puede estar muy caliente. Recuerdo una vez en la India hemos tenido un desfile ruidoso de un ídolo fuera del lugar de enseñanza. Petardos ruidosos competían con nuestros mensajes.

Es esencial como maestros nos comportemos en fe. No dejes que el desánimo gobierne, porque sino apartarnos nuestros ojos de los grandes propósitos de Dios. Da a Dios espacio para hacer su nombre grande a través de los tiempos de entrenamiento. Él puede realizar en un minuto más de lo que podemos en una hora. Nuestra fe es fortalecida por el entendimiento del gran propósito de Dios de edificar a Su pueblo. "Y yo te digo que tú eres Pedro,[a] y sobre esta roca[b] edificaré mi iglesia, y las puertas del Hades no podrán vencerla" (Mateo 16:18).

Pedro tenía mucha autoridad dada a él, pero todavía es Jesús que insistía en que era Él quien estaba construyendo su iglesia y nada sería capaz de frustrar Sus planes.

Viviendo vidas dependientes de Dios

Si nuestros objetivos son formados adecuadamente a la luz de los grandes propósitos de Dios, siempre vamos a ver que nosotros sólo promovemos la vida, en lugar de crearla. No somos el Maestro, es Cristo. Como sub-profesores y entrenadores, necesitamos centrarnos en nuestra parte. Cuando hacemos esto, Dios pide llenarnos con Su Espíritu para ser capaces de llevar a cabo todo lo que Dios quiere en nuestro tiempo y circunstancias limitadas!

Si enseñamos una serie de sermones, una clase de escuela dominical, un pequeño grupo, etc., vivimos en la luz de los grandes propósitos de Dios, por lo tanto, buscamos humildemente Su empoderamiento para que podamos cumplir adecuadamente Sus maravillosas obras.

Recordar la represión de Cristo. Si pensamos que hemos perfeccionado estas cosas, entonces somos parte del problema y no la solución. Dios hace que el verdadero crecimiento y por lo tanto pone a nuestros estudiantes de una etapa de desarrollo a otra.Cristo es el Gran

Maestro. Es el Espíritu el que trabaja tanto en los profesores/ entrenadores, así como en cada estudiante/discípulo. Él busca mediadores por los que Él puede efectivamente pasar en Su verdad. Vamos a percibir correctamente nuestra tarea crucial de mantener el agua de la vida a estos preciosos estudiantes. ¡Quizás podríamos acabar orando más!

Lección

- Los objetivos a largo plazo nos ayudan mejor a apreciar nuestro pequeño pero importante lugar en la enseñanza.

- Porque estamos limitados en el tiempo y en el caso contrario, necesitamos buscar humildemente a Dios por sabiduría sobre cómo hacer el mejor uso de nuestros recursos para acelerar el crecimiento del creyente.

- Debemos enseñar y mentorear en la fe, para que Dios lleve a lo pequeños que tenemos y multiplicarlos para lograr Su mayor bien.

- El mejor maestro establece Su corazón en el trabajo por el lado del Señor como Su fiel ayudante.

Memorizar y Meditar

- 1 Corintios 3:6-7
- Mateo 23:8,10

Asignación

➡ Nombre la más importante lección que hemos aprendido de este capítulo. Ore sobre esto.

➡ ¿Tienden a poseer metas altas y frustrarse, o tiene objetivos bajos y son ineficaces? Sírvanse explicar.

➡ ¿Cómo esta lección puede ayudar a los logros altos o bajos mejorar sus perspectivas de enseñanza?

➡ Meditar en 1 Corintios 3:5-10 y resumir cuál es el mejor enfoque para la enseñanza y entrenamiento de otros.

#23
Las Partes del Todo

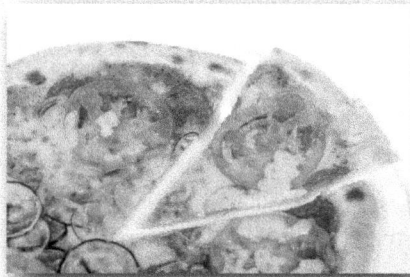

Un problema importante con el entrenamiento no es ser capaz de comprender plenamente cómo los objetivos generales de Dios tienen que hacerse. La crisis de Juan en el viaje espiritual del creyente en 1 Juan 2:12-14, proporciona, sin embargo, justo lo que necesitamos saber para ayudarnos a entender el crecimiento en un determinado nivel.

La analogía de la vida, articulando la fuente, poder, diseño y el manejo de vida es muy útil, pero no nos ayuda a alcanzar metas mensurables, para aquellos que fácilmente podemos presentar y desafiar a otros a seguir. Juan no sólo se distingue de un nivel a otro, pero también identifica las áreas de crecimiento que van a ocurrir en determinados niveles. Estos se convierten en nuestros principales objetivos.

Las metas espirituales específicas son similares a los signos de crecimiento de un niño. Los primeros pasos de un niño pequeño o hablar en frases completas son marcas comunes de desarrollo físico. Estas marcas son metas indirectas ya que no son las que nos puedan afectar directamente. El trabajo de los padres es proporcionar los cuidados generales y un entorno propicio para el crecimiento.

Uno o dos de mis hijos eran lentos para empezar a hablar. Como padres nos preguntamos si algo iba mal. Afortunadamente, no fue nada malo. Hemos tenido que aprender que cada niño se desarrolla a un ritmo distinto. Aunque no podemos hacer mucho para acelerar el desarrollo, estas marcas de crecimiento son muy significativos y nos dicen que todo está bien.

En el mundo de hoy con su enorme montón de investigación, el personal médico con frecuencia puede decir qué está mal si un niño no se está desarrollando apropiadamente. Tal vez un niño carece de un nutriente determinado para un adecuado desarrollo. Hay varias opciones: el químico puede ser suplementado o creado por estimular el órgano correcto del cuerpo, o quizás se necesita cirugía. Sin embargo, todas las soluciones deben trabajar dentro del contexto y las reglas que rigen el cuerpo si se quiere que tengan éxito.

Metas espirituales

Es la misma situación con nuestras necesidades espirituales. No hacemos al sistema, sino trabajar junto con él. Depositamos nuestra confianza en el sistema espiritual que Dios ha creado. Funciona. El crecimiento espiritual ocurre, y las escrituras han facilitado el crecimiento de marcas para ayudar a medir nuestro crecimiento. Como Dios está apuntado a profesores y entrenadores, alentamos este patrón de crecimiento general.

> Pues el propósito de este mandamiento es el amor que nace
> de un corazón limpio, de una buena conciencia y de una fe
> sincera (1 Timoteo 1:5).

Estas marcas de crecimiento se han convertido en nuestros objetivos no porque hacemos que las personas crecen, sino porque nos obliga a ser consciente de lo que Dios está haciendo en las personas en diferentes etapas. Alentar y fomentar un crecimiento positivo que complementa lo que se necesita. Note que los tres objetivos de Pablo para su enseñanza,

Juan ha identificado varias cosas que deben suceder en cada etapa. Podemos seguir complementando estos pensamientos mediante la analogía de desarrollo físico. Yo personalmente he encontrado que la analogía de Juan proporciona fácilmente conceptos transferibles así como identifica los pasos prácticos de aplicación. Son simples y profundos.

Como instructor he cavado profundamente en cada pozo, pero nunca he encontrado todavía el momento para sondear la profundidad total de cada nivel de aprendizaje. Como la minería, uno siempre puede profundizar un poco más.

Gran entrenamiento

La clave del gran entrenamiento descansa en cómo podemos conectar estos dos grandes aspectos:

(1) La claridad con la relacionamos todas las partes del crecimiento a la finalidad general de Dios del desarrollo espiritual, y

(2) La estratégica atención espiritual y la instrucción necesaria en un momento dado para un individuo.

Los creyentes enfrentan grandes problemas cuando no reciben la capacitación adecuada. Los problemas empeoran cuando vemos el estancamiento de los

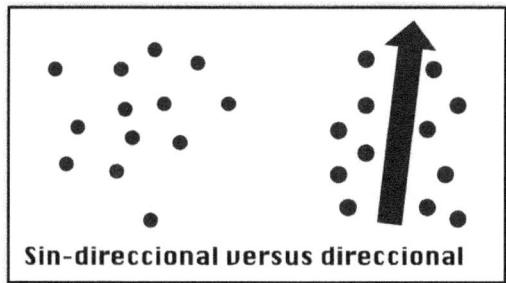

Sin-direccional versus direccional

creyentes en la congregación que se alejan del Señor.

Algo muy erróneo se ha venido produciendo en la iglesia durante algún tiempo ahora. Creo que es en gran medida porque estos dos pasos cruciales son típicamente desaparecidos de la Iglesia y, por tanto, los creyentes no están recibiendo la atención adecuada.

Lección

- La imagen holística de lo que Dios está haciendo nos ayuda a mantener todo en perspectiva.

- Los mayores problemas en el entrenamiento se producen debido a una separación de las piezas del conjunto, los objetivos a corto plazo de los objetivos a largo plazo (p. ej. Objetivos de Dios).

Memorizar y Meditar

- 1 Timoteo 1:5

Asignación

➡ Enumerar las principales responsabilidades en su vida, la escuela, el trabajo, etc.

➡ ¿Cuál es el objetivo de Dios a largo plazo para su vida aquí en la tierra? ¿Cómo Dios quiere que usted crezca espiritualmente y servirle a Él?

➡ ¿Alguna vez ha conectado su vida espiritual con la meta a largo plazo de Dios para su desarrollo espiritual?

#24

Entrenamiento con un Propósito

Antes de discutir lo que realmente se necesita que suceda en cada etapa de crecimiento desde el punto de vista del entrenamiento, veamos cómo el todo da forma a nuestra comprensión de las piezas individuales.

En este caso, pensemos en la meta de hacer discípulos. Quizás hemos personalmente discipulado tres individuos. (El discipulado es una forma especializada de entrenamiento.) Suponiendo que ya son adultos, al igual que la mayoría de los padres estamos orgullosos de su crecimiento, y sin embargo nos puede preocupar un poco con algunas áreas de nuestras vidas (también como padres!).

Durante su entrenamiento, tenemos que ser cuidadosos con lo que enseñamos. Un objetivo importante para ellos es que, como nosotros, deben sentirse obligados a discipular a otros. No podemos centrarnos sólo en que si hemos obedecido este mandamiento, sino que a los que hemos entrenado tienen esta misma visión para hacer discípulos.

Pueden aquellos a los que hemos entrenado ir y discipular a otros? ¿Saben cómo? ¿Les importa? Se están entrenando ellos mismos para que los discípulos de nuestros discípulos entrenen? Pablo estaba haciendo esto.

> Lo que has oído de mí ante muchos testigos, encárgaselo a hombres fieles que sean idóneos para enseñar también a otros (2 Timoteo 2:2).

Este pasaje de 2 Timoteo describe bien el proceso de discipulado. Pablo entrena a Timoteo. Timoteo, a su vez, entrena a otros para que ellos mismos puedan formar a otros.

Tanto como no me gustan los juegos de rol, me parece que a veces es necesario utilizar para ayudar a los líderes que estoy entrenando para dar sentido de lo que realmente se espera de ellos. Necesitamos mirar a lo lejos de la meta final que da luz sobre cómo debemos enseñar.

Muchos jóvenes están ahora poniendo al matrimonio fuera o rechazan por completo porque ya no están convencidos de que el matrimonio es mejor; ellos preferirían ser promiscuos. Los padres cristianos comparten su responsabilidad por las actitudes de sus hijos. Sin saberlo, están discipulando. Pueden haber estado contentos de permanecer juntos, pero este es un objetivo muy bajo para el matrimonio. La pareja debe tener un matrimonio y la familia para que sus hijos también aspiren a tener armonía, interacción, deleite, mutuo amor práctico, todos mezclados en la vida de cambio de devoción.

Cualquier pareja que permanece unida por los niños no está pensando en el futuro. Si la pareja casada está simplemente permaneciendo el uno con el otro hasta que los hijos se vayan, están mostrando a sus hijos porqué deben despreciar el matrimonio y no casarse.

¿Qué pasa con nuestras escuelas cristianas e instituciones educativas? Están considerando lo que Dios quiere, como un todo? A menudo, los objetivos a corto plazo, muy influenciados por nuestro sistema educativo moderno y las expectativas del gobierno, acaban conformando el currículo y la metodología más de lo que Dios dice que Él está haciendo.

Los cristianos intentan contrarrestar esta presión manteniendo capillas donde los mensajes de vida espiritual son compartidos. Esto es encomiable, pero ¿es eso suficiente? En la mayoría de los casos, nos encontraremos con lo que no es. Los cristianos necesitan ser personalmente desafiados en un nivel adecuado para su crecimiento espiritual, en lugar de simplemente satisfacer algunos requisitos de asistir a algún servicio de capilla.

Ciertamente, Dios puede usar estos tiempos para alcanzar a estudiantes que muestren interés, pero aquellos que son amargos sólo se endurecerán más. ether for the kids is not thinking ahead. If the married couple is merely putting up with each other until the children are gone, they are showing their children why they should despise marriage and not get married.

Una crisis en mi vida

Permítanme cerrar con un ejemplo. Después de graduarse de una escuela bíblica sólida, acabar varios años de aprendizaje de idiomas, y una pasantía en una buena iglesia, finalmente pude ver mis sueños hechos realidad. Me

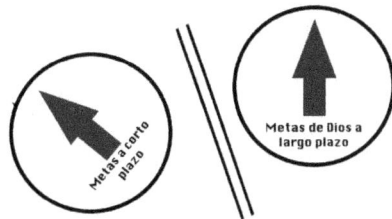

Una gran desconexión

convertí en un misionero extranjero y parte de un gran equipo de nacionales, junto con algunos otros misioneros para comenzar una iglesia! La gente comenzó a venir para conocer al Señor. Qué maravilla del primer servicio bautismal se realizó en un estacionamiento de una nueva zona residencial en el sur de Taiwán.

Fue después de esto que experimenté una de esas realizaciones sacudir la vida. Yo no sabía qué hacer con estos nuevos creyentes otra cosa que asistir a los servicios y se unan a nosotros en algunas actividades "cristianas". No es que yo no haya tomado cursos durante la misión de la Escuela Bíblica. Incluso tomé un seminario sobre la clase de plantación de iglesias. Tuve una clase sobre discipulado también. Pero algo andaba mal.

¿Cómo podría esto que es tan esencial para el liderazgo cristiano faltar en mi entrenamiento? Eso fue hace ya muchos años, pero a menudo pienso acerca de esa experiencia.

Algo de lo que no fui enseñando en como el creyente crece y cómo ayudarlo en cada etapa de su desarrollo. El proceso de construcción de los discípulos estaba ausente de mi entrenamiento.

Desde entonces he tenido mucho tiempo para evaluar mi entrenamiento y de los que me rodean. Me pareció que nunca gané una percepción global de lo que Dios está haciendo. Las clases de teología en santificación nunca fueron aplicadas al área del discipulado. Las escrituras que se predicaron en alguna manera nunca cruzaron y crearon un entendimiento de cómo se relacionan entre sí a todo el proceso de crecimiento de la vida espiritual.

Habiendo viajado y enseñado en muchos países e iglesias, veo que este problema no se limita a la geografía, la denominación o la educación. Pocos creyentes e iglesias tienen una visión para la edificación de su pueblo mediante el discipulado y entrenamiento. Incluso las iglesias que están en el fuego y tienen un gran celo y devoción raramente tienen un entrenamiento de discipulado, en gran parte debido a no haber conectado las partes de la capacitación a la totalidad.

¿Si hubiera una evaluación adecuada que después de dos mil años, la iglesia aún no ha entendido y aplicado los principios básicos del discipulado? ¿Por qué es que las cosas más elementales han sido descuidadas?

En mi opinión, uno de los mayores obstáculos para la creación de un movimiento de personas de Dios consagradas a Dios y que entrenen a otros es la falta de una visión global de la vida cristiana. Los cristianos no han pensado claramente a través del hecho de que cada creyente está en un lugar diferente en su vida espiritual y necesita instrucciones específicas del proceso de hacer que él o ella vaya al siguiente paso o etapa de desarrollo.

La falta de un firme objetivo dado por Dios permite que muchos otros pequeños e inadecuados objetivos satisfagan nuestra búsqueda de entrenamiento. Cuando nuestro objetivo fundamental es ponerse a pensar en la analogía de la vida de Juan, sin embargo, entonces la analogía de crecimiento de Juan proporciona justo lo que necesitamos para fijar y mantener la capacitación a corto plazo.

Lección

- Objetivos a corto plazo deben ser conformados y conectados a la gran meta de la vida espiritual que el Señor tiene para cada creyente.

- Es urgente que capacitemos a otros a tener esta visión para también entrenar a otros.

- La visión completa de la vida cristiana y la experiencia no se transmite adecuadamente porque pocos se refieren prácticamente a todo el propósito de Dios con las metas a corto plazo que Juan proporciona para nosotros.

Memorizar y Meditar

- 2 Timoteo 2:2

Asignación

- ➡ ¿Alguna vez has sido entrenado para discipular a otros? En realidad estás haciendo?

- ➡ Si lo está, ¿qué nivel de creyente fue capacitado para trabajar con usted? Explicar cómo.

- ➡ Si está casado (si no, pensar acerca de sus padres), es su matrimonio es uno que usted desea para sus hijos?

#25
Teniendo Cuidado del Objetivo

Apuntando
Cuidadosamente

Como maestros y mentores, la mitad de nuestro problema es saber qué enseñar, la otra mitad es conseguir que nuestros estudiantes estén motivados para aprender. En cada caso, sin embargo, el tiempo limitado formará nuestro reto de entrenamiento efectivo de otros.

El plan de vida de Dios para nuestro crecimiento espiritual es siempre activamente en el trabajo justo debajo de la superficie. Podemos confiar en Él para llevar a cabo eficazmente Su parte. ¿Pero es lo suficientemente poderoso para contrarrestar las fuerzas diabólicas cada vez más del mundo? Seguro que es. El problema es con la Iglesia, no llevar a cabo adecuadamente su tarea.

Necesitamos repensar nuestra manera de entrenar a nuestra gente, tanto en contextos educativos formales como el seminario y la iglesia, así como en situaciones de capacitación informal en casa o en uno-a-uno. Sólo cuando conseguimos más nos centramos estratégicamente podremos tener éxito. Nuestros métodos pasados no son efectivamente los métodos de entrenamiento de los líderes y personas de Dios. Las aguas vivas no están fluyendo abundantemente. Así que muchos líderes se quejan de que no tienen un número suficiente de líderes, mientras que aquellos que lo hacen a menudo alborotan acerca de los problemas de esos líderes.

El problema no es si podemos ganar. Juan dice que somos los vencedores, incluso los jóvenes creyentes! Esta es la fe que propiamente se energiza y dirige al maestro y al estudiante. Pero en muchos casos, los estudiantes no poseen esta fe. En estas situaciones, la fe del maestro tiene que ser suficiente para sí mismo y para el estudiante.

Piense en una clase de estudiantes nuevos. ¿Cuál es su nivel de crecimiento en su carácter, sus conocimientos y habilidades? El maestro necesita tomar los objetivos del curso y dividir en componentes-enseñables normalmente en un único período de clase.

Porque el tiempo con los estudiantes es tan limitado, tenemos que elegir cuidadosamente nuestros temas y materiales del curso. ¿Qué es lo que podemos asumir que es cierto de los estudiantes? Cuánto han progresado? Dónde deberían estar al final del curso? O en un contexto más amplio, donde los miembros deben estar después de cinco años en la iglesia o en qué nivel los estudiantes deben estar en la graduación?

¿No es bueno aprender acerca de la Biblia?

Suponemos un buen conocimiento de la Biblia es suficiente para los estudiantes que van al ministerio de tiempo completo. No hay duda de que es cierto. Así que los maestros se ocupan en dar la forma de sus cursos, como una introducción al Antiguo Testamento y una introducción al Nuevo Testamento. Si el tiempo lo permite, los cursos específicos como el Evangelio de Juan, etc. son añadidos.

Esto es bueno, ¿pero está bien? Cuando miramos a las necesidades generales del estudiante, es decir, la necesidad de conocimiento de la Biblia, tiene mucho sentido. Conocí a un evangelista indio que fue golpeado porque él no podía explicar por qué la Biblia no explica mejor de donde la gran cantidad de personas venían en los primeros capítulos del Génesis.

Sé que hay carreras pastorales, o misión, tratados para jóvenes o consejeros en nuestra escuela bíblica, pero están encarando lo que estaremos haciendo más que lo que somos. El Núcleo de la Vida desafía esta perspectiva porque requiere un examen más profundo de lo que un estudiante necesita para aprender y cómo se aprende. Sólo cuando podamos identificar cómo Dios entrena podremos coordinar eficazmente nuestros propios métodos con los de Él.

Nuestro punto no es para ser crítico del entrenamiento que nos rodea; muchos han sido ayudados en gran medida por los cursos tomados, incluyéndome a mí. Necesitamos urgentemente, sin embargo, agudizar nuestra visión. Nuestros objetivos son generalmente correctos, pero están separados del significado principal de Dios y propósitos de entrenamiento.

La confianza en el conocimiento no es la confianza en el Señor

Mientras se continúa utilizando el ejemplo de clases bíblicas básicas, necesitamos objetivos más amplios que adquirir solo conocimiento de la Biblia. Aquí hay algunas consideraciones adicionales.

- Podemos ser engreídos en nuestro conocimiento de la Palabra de Dios.

- Podemos aprender erróneamente la palabra de Dios de modo que no nos ayuda en nuestra vida espiritual (p. ej. Los Fariseos).

- Incluso podemos aprender la Palabra de Dios de una manera que menoscabe nuestra fe (p. ej., los saduceos que no creían en la resurrección).

- Debemos aprender la Palabra de Dios de tal manera que podamos oír mejor a Dios que habla a nuestros corazones.

- Debemos aprender la Palabra de Dios para saber cómo se aplica a los desafíos que enfrentamos diariamente.

- Podemos aprender que Dios aumenta la fe cuando adquirimos más conocimiento de la Palabra de Dios.

- Debemos tener un corazón preparado acertadamente a aprender la Palabra de Dios.

La lista podría continuar, pero estos han sido mencionados para ayudarnos a comprender que es un gran reto tanto para el maestro y el estudiante. Jesús afirma esto claramente.

> De manera que en ellos se cumple la profecía de Isaías, que dijo:"Ustedes oirán con sus oídos, pero no entenderán;y verán con sus ojos, pero no percibirán. Porque el corazón de este pueblo se ha endurecido; con dificultad oyen con los oídos, y han cerrado sus ojos; no sea que con sus ojos vean, y con sus oídos oigan, y con su corazón entiendan Y se vuelvan a mí, Y yo los sane (Mateo 13:14-15).

No debemos asumir que el conocimiento de la Biblia solo nos ayudará cuando muchas veces se hace lo contrario. Lo mejor de la leche puede ser amarga. A menos que nuestros estudiantes "comprendan con sus corazones y vuelvan" al Señor, no habrá verdadera sanidad o aprendizaje.

¿No es este un problema principal en nuestras iglesias? La Palabra no es predicada para transformar sino para entretener. La gente ha perdido la confianza de que la Palabra de Dios puede cambiar o debe producir un cambio real en sus vidas. El tiempo típico de culto no es dirigir al pueblo de Dios a vivir una vida santa. ¿Es porque no han entrado en la presencia de Dios o escuchado la Palabra de Dios? Mucho más tiene que seguir bajo la superficie para preparar adecuadamente los corazones del pueblo de Dios.

Lección

- El entrenamiento espiritual debe ser integrado en todas nuestras actividades de entrenamiento. La importancia de metas espirituales debe pesar mas que las educativas.

- En muchos casos, los maestros han asumido erróneamente que el conocimiento es la principal necesidad de los estudiantes.

- Nuestro entrenamiento debe ser revisado a la luz de Dios en su proceso de entrenamiento, de lo contrario, nuestras oportunidades especiales de instrucción serán inútiles.

Memorizar y Meditar

- Mateo 13:14-15

Asignación

➡ Has tomado alguna clase bíblica relacionada (incluyendo la escuela dominical)? ¿Qué ha hecho mejorar las clases? ¿Qué hicieron las malas tan terrible?

➡ Le hizo sentir que su educación/entrenamiento, preparado para el servicio? Explicar cómo.

➡ Qué se podría haber mejorado?

#26
Conectando la Brecha

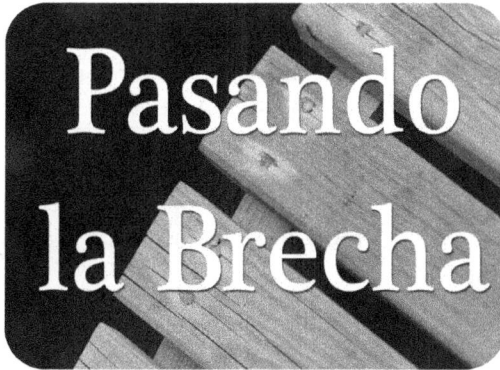

La educación occidental pone su confianza en el conocimiento. Los cristianos deben refutar este enfoque de la educación y especialmente la educación teológica. Estamos obligados por un gran objetivo: liberar el poder de la Palabra de Dios en la vida de las personas.

La desconexión entre el entrenamiento teológico y ministerio pastoral eficaz sigue siendo enorme. Los egresados están apenas listos para lo que está por delante de ellos. La solución del mundo a este problema es que requiere más educación. Los grados de máster y doctorado son ahora muy comunes, pero la vieja suposición de que el conocimiento en sí mismo es todo lo que se necesita no ha cambiado.

Por supuesto, se puede decir mucho por el esfuerzo para obtener estos grados. La auto-disciplina en sí es una gran recompensa, pero debemos comenzar a dibujar detrás de la cortina y mirar detrás de las escenas. Nos atrevemos a preguntar si nuestros estudiantes están listos para su vida y ministerio? En la mayoría de los casos no lo están.

Nuestro enfoque educativo asume que con el conocimiento apropiado, el hombre procederá a hacer grandes cosas. Esta es una rama del humanismo. El conocimiento es parte de la ecuación, pero no es la totalidad. Hay elementos más importantes, entre ellos el entrenamiento espiritual, que debe tener lugar en la vida cristiana.

La confianza en el conocimiento a menudo nos aleja de las personas en vez de que nos conecten juntos. La madurez espiritual se equipa erróneamente con entrenamiento teológico, pero está lejos de él. Cuando hay un énfasis en el conocimiento, entonces hay poco tiempo para desarrollar el corazón y habilidades ministeriales para efectivamente vivir de Dios y servir eficazmente. Por ejemplo, aprendemos acerca de la alta crítica, pero se tiene poco tiempo para aprender como dejar que Dios nos enseñe a través de la Palabra, para poder enseñar a otros.[5]

¿Por qué el fracaso?

¿Por qué existe toda esta confusión y fracaso? Es porque la Palabra de Dios ha fallado? O es posible que la Palabra de Dios no ha penetrado en nuestros corazones? O no hemos recibido el entrenamiento necesario para el ministro adecuado en las iglesias?

Nos complace escuchar acerca de las excepciones, pero como un todo nuestros futuros líderes de la iglesia están siendo entrenados impropiamente en una gran inversión financiera. Estas cosas

---

[5] *Pastor de por vida,* por Ivan Charles Blake. Las estadísticas varían ampliamente, pero sin duda hay problemas en el sistema. https://www.ministrymagazine.org/archive/2010/07-august/pastor-for-life . Quizás el porcentaje no es tan alto, pero todavía nos preocupa enormemente: http://into-action.net/research/many-quit-estimating-clergy-attrition-rate/

contribuyen sin duda a la mitad de todos los seminaristas dejar el ministerio después de cinco años.

El Apóstol Pablo concluye la razón de poca fe es que la Palabra de Dios no ha llegado a los oídos del oyente. En la parábola del sembrador, sin embargo, Jesús toma este pensamiento más profundo. Dice que el pueblo de Dios no está propiamente aprendiendo porque sus corazones no están listos.

¿Qué ocurre si cambiamos nuestro enfoque en torno a preparar los corazones de estos estudiantes para que puedan adquirir correctamente la Palabra de Dios? Ellos necesitan aprender cómo obtener la fe en la Palabra de Dios, en lugar de simplemente leer como una asignación o sólo estudiar lo que otros dicen acerca de la Biblia.

Durante mis estudios, uno profesor del Antiguo Testamento contó a mi clase, "Este podría ser la única vez que lees el Antiguo Testamento en tu vida".

Piense lo que él estaba enseñando a la clase.

- El Antiguo Testamento no es importante.
- El Antiguo Testamento no será pertinente para sus vidas.
- Usted no querrá leer el Antiguo Testamento más después de leerlo una vez.

Quizá él fue involuntariamente haciendo una declaración acerca de sus creencias personales. Por supuesto, los puntos mencionados en viñetas no son exactos, sino simplemente una vista de la escritura, que carece fe. Aunque nunca dijo directamente, él parecía creer, "no es relevante para mi vida, y yo no creo que usted pensará que el Antiguo Testamento es relevante para sus vidas tampoco." Este era el mensaje que estaba siendo claramente comunicado.

Los estudiantes comienzan a temer la lectura a través del Antiguo Testamento; no hay oportunidad para que su fe crezca en tal escenario. El profesor sabe, sin embargo, esta clase es "importante" porque todos los estudiantes deben tomar la clase para graduarse.

Algunos maestros no pueden siquiera pensar que el Antiguo Testamento es fiable (a diferencia de cómo se presenta). Lo enseñan como una crítica, socavando aún más la fe de sus cargos. Otros maestros creen que sea confiable, como el que mencioné, pero consideran que no es relevante para nuestras vidas y ministerios.

Estos mismos tipos de cosas suceden una y otra vez cada vez que un predicador simplemente predica un sermón, en lugar de ser primero rediseñado por la Palabra de verdad. El predicador carece de la fe que este pasaje es relevante para sus vidas.

Una fe abundante

Jesús enseñó el Antiguo Testamento en una forma completamente diferente. Él vivió una vida de Dios únicamente desde el Antiguo Testamento. Citó el Antiguo Testamento cuando fue tentado y Su fe en la Palabra de Dios lo protegía. Comprendió lo que Dios el Padre tenía para Su vida a través del Antiguo Testamento.

> Después de ayunar cuarenta días y cuarenta noches, tuvo hambre. El tentador se le acercó y le propuso: --Si eres el Hijo de Dios, ordena a estas piedras que se conviertan en pan. Jesús le respondió: --Escrito está: 'No sólo de pan vive el hombre, sino de toda palabra que sale de la boca de Dios (Mateo 4:2-4).

La importancia de reexaminar nuestro proceso de aprendizaje y el contenido nunca ha sido más urgente. El maestro debe ir más allá de la entrega de contenidos y prestar estrecha atención a la fe necesaria para edificar la fe de los estudiantes en esa área en particular. Esta fe está directamente relacionada con la obtención de los objetivos que Dios tiene para nosotros.

Hay una razón por la que el pueblo de Dios en todo el mundo ha dejado de crecer. El pueblo de Dios está siendo entrenado para estar contento con conocimientos en lugar de ver a Dios cumplir Sus objetivos.

Si vamos a tener éxito tocando en los propósitos y poder de la vida de Dios, debemos refutar la afirmación de que el conocimiento puede resolver por sí solo el problema. Necesitamos la Palabra de Dios trabajando activamente en nuestras vidas.

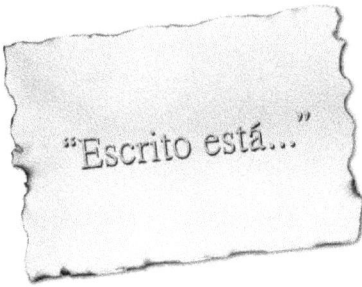

La mayoría de los estudiantes salen de la escuela bíblica o seminario, basándose en sus conocimientos en lugar de Dios. Afortunadamente, Dios puede funcionar y funciona a través de nuestros sistemas y hace a algunos buenos a través de ellos, pero ¿qué pasaría si nos espera a los estudiantes a ser cambiados a actuar y ministrar como Jesús? Nuestro Señor en el cielo está esperando por nosotros para conseguir nuestro entrenamiento adecuado para el bien de Sus ovejas y el honor de Su Nombre.

"Escrito está..."

- ¿Qué pasa si nuestros alumnos podrían aprender como pasar suavemente directamente desde la escuela al ministerio? (Qué tomaría en términos de conocimientos, habilidades, devoción, carácter, etc.?)

- O en un contexto de la iglesia, ¿qué sucedería si el pueblo de Dios realmente crecería hacia la plena madurez? (Qué necesitaría que suceda en una iglesia para conseguir gente allí?)

Definitivamente estamos esperando demasiado poco de nuestros estudiantes y de la Palabra de Dios porque nosotros los maestros tenemos tan poca fe. Jesús, sin embargo, tenía mucha fe en la Palabra de Dios, incluso en el Antiguo Testamento. "Escrito está..." El punto es, que Dios ha hablado y Su Palabra es poderosa todavía hoy.

Lección

- La confianza en el conocimiento confunde a nuestros objetivos de entrenamiento, tanto en la capacitación formal e informal.

- La fe de un maestro influye en el aprendizaje del estudiante y la fe, tanto para bien como para mal.

- Sólo por volver a comprometernos con creer la Palabra de Dios, como Jesús, nuestra enseñanza se volverá relevante, dinámica, sanadora y servicial.

Memorizar y Meditar

- Mateo 4:4

Asignación

➡ Toma cualquier de las dos clases relacionadas con la Biblia, recientes o en el pasado, y declara cuáles fueron los objetivos de la clase. (Piense en el seminario, escuela dominical, etc.)

➡ ¿Qué clase de fe los maestros poseyeron con respecto a este tema?

➡ ¿Cómo las clases te ayudaron o hirieron?

#27
Entrenando al Nuevo Creyente

Cuidando de los más pequeños

En los capítulos anteriores hemos venido identificando lo que creemos ser los principales defectos de entrenamiento en el liderazgo que han resultado en débiles, impíos y desprovistos líderes e iglesias.

Aunque no podemos dar aquí una explicación completa de lo que debe suceder en cada etapa de desarrollo cristiano, esperamos que se presente una comprensión suficiente de lo que debería estar ocurriendo. Esto será introducido desde la perspectiva del instructor, pastor o discipulador, ayudándoles a pensar en cómo pueden, como mínimo, necesitar preparar al pueblo de Dios.

El poder de la presentación de Juan es la forma en la que cada etapa del desarrollo espiritual es introducido. Juan clasifica los creyentes en tres grupos (Nota que no es por denominación!); los niños, jóvenes y padres. Esta sección se centrará en los nuevos creyentes, los niños pequeños.

> Les escribo a ustedes, hijitos, porque sus pecados les han sido perdonados por su nombre... Les escribo a ustedes, hijitos, porque han conocido al Padre (1 Juan 2:12-14).

En una lección pasada, hemos discutido brevemente cómo un bebé, una imagen del nuevo creyente, requiere de cuidados especiales y alimentación. Esa es una pista para nosotros como maestros y entrenadores. De las palabras de Juan, podemos identificar claramente cuáles son los objetivos principales de Dios en esta etapa del desarrollo cristiano. Al mismo tiempo, podemos entender cómo necesitamos capacitar a los nuevos creyentes. **Los objetivos de Dios para los creyentes y para nuestro entrenamiento deben estar interrelacionados.**

Pequeños intentos

De alguna manera esta necesidad específica de hacer discípulos (Mateo 28:20) no ha sido emprendida con eficacia. Algunos pastores creen que hacer discípulos es importante, aunque seguramente nunca dirían eso; es evidente por sus acciones, o la falta de ella. Aunque agradecidos por los muchos llamamientos a creer en Cristo, nuestro descuido general en el cuidado de los nuevos creyentes, es vergonzoso. Estaríamos horrorizados si vemos una mujer dar a luz a su hijo y se va, pensando que su trabajo ya estaba hecho. Algunos evangelistas, como Billy Graham, han trabajado un poco más en el seguimiento, pero la tradición de predicación con muy poco seguimiento revela un defecto básico que contribuye a creyentes débiles.

No importa cuál sea nuestra historia o tradición que ha dictado para nosotros, la iglesia es llamada por Dios para prodigar amor en el nuevo creyente y proporcionar atención espiritual personal. Al mismo tiempo, especialmente en las etapas iniciales, la iglesia necesita ser entrenada para brindar esa atención. El pastor/evangelista/maestro está allí para equipar a la iglesia para llevar a cabo sus funciones básicas de hacer discípulos.

Nuestros otros libros sobre el discipulado proporcionan una amplia capacitación en estas áreas, pero es importante que tengamos una idea de cómo esto funciona en el entrenamiento de valores.

Primero, como entrenadores, debemos ampliar la visión de que es la responsabilidad de los creyentes más maduros para nutrir y proporcionar los cuidados básicos de los nuevos creyentes. Un creyente de dos años, debidamente entrenado, debe ser capaz de entrenar un nuevo creyente.

En segundo lugar, vamos a definir lo que esta atención básica se ve. Esto incluirá ser amigo, teniendo especial interés en los problemas de su vida así como enseñarles las verdades básicas de la Palabra de Dios y compartir acerca de cómo manejar los problemas con que se enfrentan. Los problemas más difíciles se pueden pasar al pastor.

En tercer lugar, debemos mostrar cómo el entrenamiento del nuevo creyente encaja en toda la imagen del desarrollo espiritual y el entrenamiento. Esta perspectiva ayuda al entrenador pasar la visión de lo que está sucediendo a los nuevos creyentes y se utilizará para entrenar a otros nuevos creyentes en el futuro.

Cuarto, identificar qué nuevos creyentes son para aprender y dominar en esa primera etapa de crecimiento cristiano. Esto incluirá el hallazgo o la elaboración de materiales de entrenamiento (que tome tal vez de siete a diez semanas para completar) que pueden usar para guiar sus tiempos con los nuevos creyentes.

Juan realmente tiene mucho que decir acerca de todo este proceso en cada nivel. Hay otras escrituras de las que podemos aprender también. Podemos obtener rápidamente una colección de herramientas de discipulado para estos nuevos creyentes que, a su vez, podrán capacitar a otros nuevos creyentes.

Una mayor perspectiva

Dios trabaja tanto en el discipulador y el discípulo simultáneamente. Piensa en la madre y el bebé. Dios se complace en ver a la madre alimentar al niño que Él ha traído al mundo. La madre está bendecida para ver cómo Dios usa a ella cuando alimenta a su hijo (aunque hay luchas también!). Asimismo, el hambre de los nuevos hijos de Dios recuerda que lo más maduro de su obligación es de cuidar de ellos. Como pueblo de Dios ofrece cuidado personal y asesoramiento (discipular) a estos nuevos creyentes, ellos también se enriquecerán, viendo cómo Dios trabaja a través de su pequeña pero esencial contribución al nuevo creyente.

El entrenador no debe estar satisfecho con el entrenamiento de los nuevos creyentes que han venido bajo su cuidado, sino formarlos de tal manera que puedan entrenar a otros, aunque esto tendrá un contacto prolongado y compromiso. Los discípulos aprenderán principalmente a través de nuestro ejemplo.[6]

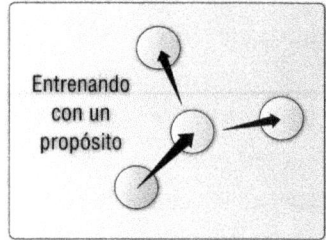

Entrenando con un propósito

El entrenamiento del nuevo creyente está limitado por el tiempo, nos guste o no nos guste. Igual que un bebé crece rápidamente y se destetado a la edad de dos, el nuevo creyente necesita ser enseñado en las verdades básicas de la fe enseguida. Sugiero que los hacedores de discípulos reunirse con los nuevos creyentes para discutir estas verdades al menos de siete a diez veces inmediatamente después de que ellos creen.

Quienes están capacitando a pastores y evangelistas debe extender esta visión de lo que Dios está deseando hacer a través de la vida de los creyentes, incluso instruyendo a los creyentes más maduros para capacitar a los nuevos creyentes. A menos que esto se convierta en uno de nuestros principales objetivos de capacitación, entonces aquellos que entrenamos serán como yo fui- un nuevo creyente ignorante de cómo capacitar a otros, o incluso cómo manejar mis propias luchas.

El problema es mucho mayor que esto, sin embargo. Porque cuando no tenemos esta visión o conocimiento de cómo capacitar a otros para

---

[6] Iniciando nuestro Crecimiento Espiritual en el Seminario de la Iglesia (Discipulado #1), los entrenadores aprenden a desarrollar sus propios planes de estudio que se adaptan a sus propias necesidades y circunstancias.

el cuidado de los nuevos creyentes, podemos arruinar la mejor oportunidad para iniciar la capacitación de líderes y no proporcionar a los nuevos creyentes de lo que necesitan para crecer y desarrollarse.

Alguna vez pensaste que los problemas en las vidas de los creyentes empezaron realmente a causa de su falta de entrenamiento temprano? Es una lástima que la iglesia se encuentra a menudo criticando a los creyentes por no crecer espiritualmente en lugar de arrepentirse por su falta de proveer cuidado bíblico personal y entrenamiento para ellos.

> Aunque después de tanto tiempo ya debieran ser maestros, todavía es necesario que se les vuelva a enseñar lo más elemental de las palabras de Dios. Esto es tan así que lo que necesitan es leche, y no alimento sólido. Pero todos los que se alimentan de leche son inexpertos en la palabra de justicia, porque son como niños (Hebreos 5:12-13).

Nuestro reto

En esta edad, con un creciente número de voces que ofrecen consejería, necesitamos, como una madre a un recién nacido, a ampliar esa crucialmente necesidad de un cuidado de uno-a-uno y traer la leche necesaria de la Palabra en sus vidas.

Me encanta recibir comentarios de gente en nuestra congregación, "Fui ayudado grandemente por este o aquel hermano. Nunca olvidaré lo que aprendí." Este tipo de comentarios puede ser multiplicado en todo el mundo. Necesitan urgente el entrenamiento 'niño' que abre el camino a una fuerte y vibrante vida cristiana. Como estos discípulos son atendidos, entonces estarán en condiciones de entrenar a otros.

Lección

- Cada nuevo creyente necesita un creyente más maduro para personalmente discipular a él o a ella.

- Sin discipulado personal los nuevos creyentes pasan a través de muchas luchas extra y suelen abandonar la iglesia.

- Las personas involucradas en el evangelismo y ministerios deben cuidar no sólo de capacitar a los consejeros para discipular personalmente a los nuevos creyentes, sino también para ampliar la visión de un día ser usados por Dios para capacitar a otros nuevos creyentes.

Memorizar y Meditar

- Hebreos 5:12-13

Asignación

➡ Has mentoreado a un nuevo creyente? ¿Cuándo? ¿Quién?

➡ Si no, ¿por qué no?

➡ ¿Cómo los has entrenado? Note cualquier material o temas que podrían haber sido discutidos.

#28
Equipando a Nuevos Creyentes

Nuestra atención a los nuevos creyentes influye enormemente en todo el proceso de entrenamiento. Si nosotros no equipamos a nuestros líderes para discipular, entonces la falta de una buena base de estos nuevos creyentes no puede ayudar sino debilitar el ministerio global. La obra de Dios no se realizará en la forma y el grado necesario.

El entrenamiento propio nos permite lograr los cambios necesarios para equipar a futuros líderes para capacitar a otros en diversas áreas de la vida. Este capítulo proporcionará ideas sobre cómo capacitar a los nuevos creyentes y la importancia de la integración de este entrenamiento con El Núcleo de la Vida.

El Núcleo de la Vida habla del trabajo personal y específico de Dios en la vida de todo auténtico creyente y a la iglesia como un todo. Comienza la regeneración de toda la vida, la obra santificadora del Espíritu Santo es de un compromiso permanente en cada creyente.

> Nos salvó, y no por obras de justicia que nosotros hubiéramos hecho, sino por su misericordia, por el lavamiento de la regeneración y por la renovación en el Espíritu Santo, 6 el cual derramó en nosotros abundantemente por Jesucristo, nuestro Salvador (Tito 3:5-6).

Observe cómo el "derramar" del Espíritu Santo se refiere al trabajo inquebrantable y constante de Dios, como un río que fluye en nuestras vidas.

Con razón el apóstol Juan discernía que el nuevo creyente tiene necesidades especiales, al igual que un bebé o niño pequeño tiene. La familia hace mayor tiempo y ajustes financieros para dar cabida a su pequeño. Por ejemplo, típicamente están dispuestos a utilizar sus limitados recursos en la remodelación de una habitación o comprar los suministros alimentarios para su precioso, nuevo hijo. Juan usa esta analogía para aumentar nuestra conciencia de la necesidad crítica para nutrir a los nuevos creyentes para sostener la vida.

Uno de los mayores retos a los que nos enfrentamos entrenando a otros para nutrir a los nuevos creyentes es el hecho de que nosotros mismos no hemos sido discipulados personalmente. Nosotros figuramos, "Me resultó bien. No es necesario." Pero no vemos cómo mucho mejor las cosas podrían haber sido.

¿Acaso no vemos cómo la incredulidad corre rampante entre nuestros jóvenes? No ven el poder del evangelio en sus vidas personales. Nuestro mayor reto es mostrar la relevancia del evangelio a la vida de cada creyente.

Nuestras iglesias dedican mucho tiempo y dinero en llevar el evangelio a las vidas de otros, pero casi ninguna en el fomento de nuevos creyentes. Es como el hombre que gasta un montón de dinero en asegurar las mejores semillas para cultivar un cultivo especial, pero después de que el entusiasmo inicial de ver los primeros brotes, él se olvida de regarlas!

Sea una iglesia, seminario o escuela de entrenamiento, debemos decididamente:

(1) Convencer al pueblo de Dios de la importancia y la necesidad de capacitar a los nuevos creyentes,

(2) Equipar a ellos cómo entrenar a los nuevos creyentes,

(3) Suministrar de materiales sugeridos para que pueden usar para capacitar a los nuevos creyentes, y

(4) Desafiarlos para instruir a los nuevos creyentes con todo el nacimiento al proceso de servir en mente.

Convencer a los demás

Si hay nuevos creyentes alrededor, entonces resulta más fácil convencer a la gente de Dios que debemos cuidar de ellos, pero cuando la gente de los alrededores se ha endurecido al evangelio, como en algunos países occidentales, podría no ser una cosa común para reunirse con los nuevos creyentes. Encontrar oportunidades para envisionar a los creyentes en discipular a los nuevos creyentes, por lo tanto, se vuelve difícil. Esta cuestión debe abordarse en dos frentes (incluir siempre ardiente oración en cada paso).

En primer lugar, debemos buscar a los perdidos. Muchos Cristianos están mal equipados, tanto en la habilidad y la visión, para alcanzar a los perdidos. (Parece mucho más fácil criticar al mundo que convertirlos!) Dar tiempo adicional, si es necesario, para conducir a otros al Señor. Hacer evangelismo parte del currículo El Núcleo de la Vida, si no un gran empuje. Segundo, debemos mirar al Señor para ampliar nuestras oportunidades de discipular más allá de nuestro ajuste, como nuestra iglesia, escuela o seminario-debemos ir a donde la necesidad está. Hay muchas ovejas angustiadas por ahí que han perdido su camino. El pueblo de Dios debe aprender a trabajar con el Señor para cuidar y cuidarlos, como Él conduce.

Equipar a los demás

Cuando la gente se convenza de que discipular a nuevos creyentes es importante, podemos fácilmente equiparlos. Al igual que la capacitación en nada, los entrenadores deben estar familiarizados con el proceso. El profesor primero debe estar familiarizado con la entrenamiento de nuevos creyentes, entonces pueden equipar a otros.

Algunos líderes están más equipados en hacerlo que otros. No olvide utilizar aquellos especialmente dotados, dentro o fuera de su iglesia, para realizar el entrenamiento. Recuerdo tomando unas quince personas en un curso a través de un nuevo folleto del creyente. Yo les dí un folleto con sólo un esbozo que se podría llenar. Esto más tarde se convertiría en su copia maestra de discipular a otros. Construí su visión, junto con la habilidad y el conocimiento del entrenamiento. Ellos más tarde serían capaces de utilizar esto para capacitar a otros. (Aquí es donde he creado el 3 X E recurso de capacitación del nuevo creyente.)[7]

Hay muchas maneras de mejorar este aprendizaje. Una forma de lograrlo es demostrar cómo podría funcionar a través de juegos de rol en clase. Un monitor/líder debe supervisar las primeras sesiones de discipulado y entrenamiento. O él o ella acompañan al nuevo aprendiz mientras es discipulado, o cuidadosamente va por encima de la experiencia de entrenamiento después de las primeras sesiones de discipulado. Recuerde, esto no necesita ser una cosa. Podemos pedir a la gente tímida para empezar para que nos acompañen, y pedirles que tomen parte o compartan en el tiempo de discipulado. Por ejemplo, cuando se habla del Evangelio y de la fe, pueden compartir cómo Jesús salvó a ellos. Algunos aprenden más rápido, algunos más lento, que Dios puede usarles para capacitar a otros.

Las madres son capaces de alimentar a sus bebés (muy pocas excepciones) pero lo más problemático es que no saben cómo manejar algunas circunstancias difíciles. Necesitamos estar justo a su lado pasando sobre sugerencias de forma alentadora. No espere que ellas le

---

[7] 3 X E: Discipling One-to-One

pidan a usted! Tome su tiempo con estos nuevos discípulos así que no desespere. Déles una gran primera experiencia discipulando a otros.

Suministre a otros para entrenar

Hay un número cada vez mayor de programas y materiales de discipulado y entrenamiento. Esto es bueno. Algunas personas están pensando sobre esto. Cuando yo era joven, sólo había unos pocos grupos del campus que habían desarrollado sus propios folletos de discipulado y entrenamiento.

Un gran defecto fue que no estaba centrado en la iglesia, pero principalmente enfocado en la propia vida espiritual de una persona. La teología de la iglesia no fue debidamente integrada. El valor del individualismo usurpó el lugar del amor y del servicio. Las cosas están un poco mejor, pero todavía hay cierta tensión entre iglesia y organizaciones. Necesitan trabajar juntos para un propósito común.

Algunas iglesias preparan sus propios materiales. Quiero alentar esta tendencia. Cada iglesia puede personalizar sus propios recursos para el discipulado del nuevo creyente, incluso ofreciendo varias versiones para personas con diferentes necesidades. Un folleto de impresión grande podría estar preparado para los ancianos. Versiones especiales de idioma podrían ser desarrolladas para ministrar a los inmigrantes o una versión de imagen para los analfabetos. (Usted puede comenzar con la nuestra y rehacerlo para ustedes!)

Sin embargo, lo más importante es el contenido real. Este libro ha discutido el concepto de los propósitos de Dios para las tres etapas del discipulado, pero sólo presentó brevemente el contenido real para ser considerado. Para mayor comprensión de esta esfera compruebe nuestras tres Bibliotecas de Discipulado.

Cuidado especializado

Cuidar de las necesidades de los nuevos creyentes debe permanecer como una prioridad de la iglesia. Como una familia toma turnos de horarios y recursos para atender las necesidades del bebé, así, la Iglesia debe asegurar el cuidado adecuado de los nuevos hijos de Dios.

El nuevo creyente requiere aclaraciones básicas del evangelio, nutrir de la Palabra de Dios y ayudar a comprender cómo su nuevo padre se preocupa por ellos. El propósito es fortalecer su fe, para que sean debidamente fundamentados en la fe en este punto vulnerable de la vida.

Su fe debe fortalecerse de manera que no sean fácilmente llevados lejos pero tener suficientemente claro entendimiento acerca del pecado, de perdón, de Cristo y de la fe, a fin de que en sus circunstancias, estén más profundamente asegurados del constante amor de Dios y provisión para sus vidas.

Si el nuevo creyente sale de un ambiente de fiesta, entonces se necesita más entrenamiento sobre diversos aspectos de la vida cristiana, la comunidad y la santidad. Si vienen de un trasfondo de legalismo, entonces necesitan aclaraciones especiales sobre la salvación, de la santificación y de la libertad del evangelio.

Si otro creyente tiene problemas que estaban atrapados en el consumismo o con problemas en la casa o en el trabajo, entonces instrucciones especiales deben ayudar al nuevo creyente afrontar estas cuestiones especiales que él o ella se enfrenta. De cualquier "mundo" del que son rescatados, necesitarán un énfasis de acompañamiento en esa área. Esta es una razón del discipulado uno a uno en esta primera etapa de desarrollo espiritual que es tan importante. No olvidemos los fundamentos, sin embargo. El enfoque para el nuevo creyente está en la comprensión cristiana básica mientras ayudar a los creyentes a vivir justamente en el mundo se centrará en la segunda etapa del desarrollo cristiano.

Integrar la fe

Integrando una comprensión de nuestras vidas con lo que Dios está haciendo en su conjunto es crítico. Esta imagen completa explica las verdades más profundas para sentar las fundación para la continuación de sus vidas cristianas. Permítame dar dos ejemplos.

Identificar sus nuevos deseos por la Palabra de Dios. Es similar a un bebé que ansia la leche de su madre. Ayudarles a darse cuenta de que esto es su nueva vida, que desean y necesitan de la Palabra de Dios. Como comer alimentos, esto será algo permanente, aunque la conciencia de que es mayor en esta etapa.

Los nuevos creyentes también desean estar con los otros creyentes, para orar y compartir la Palabra de Dios con otros. Este es el Espíritu de Dios trabajando con entusiasmo a través de sus vidas haciéndoles saber que son parte de una extensa familia espiritual. Como regularmente nosotros señalamos estas cosas, los nuevos cristianos comienzan a obtener un buen manejo de la participación de Dios en sus vidas. Todas estas pequeñas lecciones forman una imagen más grande- que Dios los ama. Recuerde conectar lo que está ocurriendo en ellos con poqué está pasando. El Espíritu de Dios está trabajando en ellos. La vida está creciendo y expresándose a sí misma.

El amor constante de Dios

El amor de Dios es constante y real. Incluso si fallamos, Dios ha proporcionado una manera de ganar el perdón a través de Cristo; Él es nuestro abogado (1 Juan 2:1-2).

Si no hemos crecido en una buena familia, a menudo nos sentimos como si estuviéramos para probarnos o batallar con la sensación de falta de cariño. Pero con un buen discipulado, nuevos creyentes crecerán en la comprensión del amor constante de Dios para ellos, a pesar de sus malas crianzas.

Un sentido de apreciación (la formación temprana de enseñanza de la gracia y de la misericordia) profundiza cuando aprenden cómo acertadamente se apropian del perdón inmerecido de Cristo por sus pecados a través de Cristo. Ellos verán la gran importancia de la labor de amor de Jesucristo en la cruz a su favor, no a través de obras o rituales propios.

En cada etapa, Dios está construyendo valores fundamentales sobre los que la próxima fase de desarrollo depende. Sin una buena comprensión del amor de Dios, los nuevos creyentes tendrán un tiempo difícil para moverse en y a través de la segunda etapa de desarrollo espiritual.

Este es el gran problema de la iglesia de hoy que ha heredado. Sin la debida atención a los nuevos creyentes produce disfunciones en los creyentes "mayores".

Resumen

Se podría decir mucho más, pero en resumen recuerda que nuestra necesidad de ajustar las prioridades para reforzar los propósitos de Dios para esta primera etapa de capacitación donde cultivamos nuevos creyentes. Asegúrese de que estamos efectivamente entrenando al pueblo de Dios para cuidar de estos nuevos creyentes.

Estas lecciones son básicas y esenciales, y, sin embargo, irónicamente, grandemente faltan en la iglesia. Sin este cuidado, ellos no obtendrán los firmes cimientos de amor y confianza para crecer adecuadamente en la segunda etapa de entrenamiento cristiano. Ellos no se volverán en aquellos creyentes que se esperaba que fueran, sino que ellos se tambalearán en sus vidas cristianas.

Ha llegado el momento de dejar de culpar a los nuevos creyentes por ser tan volubles, y empezar a proporcionar el cuidado que Dios ha instruido para darles desde el principio.

La etapa del nuevo creyente es breve y debe aplicarse inmediatamente. El diablo está listo para destruirlos. Debemos hacer nuestro mejor esfuerzo para llegar a ellos primero y guiarlos a lo largo. Ellos son, por un corto período de tiempo altamente motivados a estudiar duro y crecer, y es mucho más agradable para trabajar junto con ellos en lugar de intentar restaurar a un derrotado caído de donde debe estar. Vamos a ser proactivos en hacer la voluntad de Dios!

Lección

- La iglesia y todos los grupos de entrenamiento cristiano deben personalmente y cuidadosamente discipular a los nuevos creyentes.

- Los nuevos creyentes deben ser capacitados con miras para el futuro, tanto en cuanto a su pleno desarrollo, pero también cómo Dios hará uso de ellos para capacitar a otros nuevos creyentes.

- El material personalizado para el nuevo creyente debe tomar en consideración las necesidades especiales que enfrentan en la vida.

Memorizar y Meditar

- Tito 3:5-6

Asignación

➡ ¿Ha capacitado a otros nuevos creyentes? Explicar.

➡ ¿Qué programas o materiales utilizaría para entrenar a un nuevo creyente?

➡ Piense en tres nuevos creyentes que usted conozca. ¿Si los discípula a ellos, qué necesidades especiales enfrentan para que usted tenga que tener en cuenta?

➡ Si participa en el entrenamiento del liderazgo, empiece a acumular lecciones personalizadas y especializadas para su pueblo para usar y para capacitarlos. Anote cuánto ha avanzado y dónde le gustaría estar en este sentido.

#29
Apoyando a los Jóvenes Creyentes

Preparándose para el combate

El adolescente tiene necesidades muy diferentes al del niño, así como un joven creyente tiene necesidades diferentes del nuevo creyente. La diferencia podría ser de sólo un año, pero mucho ha cambiado en este año. Este capítulo se centra en la capacitación de jóvenes creyentes cristianos.

Si bien los pasos hacia la madurez pueden llevar rápidamente al joven creyente a situaciones nuevas que están preparándole para su adultez espiritual, aún no están allí. Necesitan entrenamiento espiritual que les guiará a través de enfrentar la menor cantidad de sufrimiento posible.

Les escribo a ustedes, jóvenes, porque han vencido al maligno... Les he escrito a ustedes, jóvenes, porque son fuertes, y la palabra de Dios permanece en ustedes, y han vencido al maligno (1 Juan 2:13-14).

Juan nuevamente nos suministra con conocimiento especial de 1 Juan 2:12-14. Él nos ha centrado en los aspectos de la lucha, la tentación y el aprendizaje a partir de la Palabra de Dios. La imagen de la persona en la armadura espiritual de Efesios 6 también viene a la mente:

Revístanse de toda la armadura de Dios, para que puedan hacer frente a las asechanzas del diablo. 12 La batalla que libramos no es contra gente de carne y hueso, sino contra principados y potestades, contra los que gobiernan las tinieblas de este mundo, ¡contra huestes espirituales de maldad en las regiones celestes! (Efesios 6:11-12)

Lo importante para recordar es que esto no es sólo algo para determinados creyentes que atraviesan sino para todos los creyentes que finalmente llegarán a comprender una gran parte de su entrenamiento.

Su éxito en esta segunda etapa está estrechamente relacionada con lo bien que fueron atendidos durante la primera etapa. El entrenamiento del nuevo les permite ganarse la perspectiva correcta que Dios siempre está cerca para ayudarlos. También les ayuda a obtener una buena relación con los mentores. Sin esta conciencia profundamente plantada dentro de ellos, no serán capaces de confiar en Dios como fácilmente pasan a través del entrenamiento de jóvenes creyentes. Las dudas fácilmente conducirán al desaliento y a la derrota, que a su vez podrían traer la desesperación, preguntándose si alguna vez será victoriosa.

El conocimiento de que todos los "adolescentes" espirituales, vayan a través de esta etapa hace que sea más fácil para el entrenador. Vamos a conocer a nuevos amigos o estudiantes que vienen a nuestra iglesia; entonces podremos empezar a valorar dónde están en su camino espiritual. Esto también nos ayudará a desarrollar instrumentos de evaluación especial para saber qué puede hacer la iglesia para ayudarles en su actual etapa de crecimiento espiritual. Lo que una vez era vago puede ser bastante claro.

Para estar seguro de que hay peligros de comparación de uno mismo con otros, pero presentados acertadamente, esta imagen de crecimiento espiritual puede ser utilizada para ayudar a cada creyente evaluar a él o ella y para alentar a sus compañeros a no juzgar. Nuestra motivación es ayudar a las personas a crecer, no para criticar y comparar.

Las necesidades del joven creyente

El nuevo creyente necesita aprender las verdades básicas acerca de la salvación, garantía eterna, etc. Estas verdades básicas construidas en la confianza en Dios. Juan habla acerca de estas. Dios, nuestro Padre, está ahí para cuidar de nosotros.

El joven creyente, sin embargo, debe aprender a usar la Palabra de Dios por su propia cuenta. Él ya no debería ser más alimentado sino que debe alimentarse con la Palabra de Dios. Esta transición tendrá una relación directa en nuestro entrenamiento. Debemos permitir al creyente a adquirir habilidades para crear disciplinas espirituales en curso junto con un confiado y sensible corazón para la Palabra de Dios adecuada para ellos. Por ejemplo, enseñando a la gente cómo hacer estudios bíblicos inductivos les ayudará enormemente en la adquisición de habilidades para estudios más a fondo, pero debemos recordar que no todo el mundo tiene los mismos antecedentes educacionales para esto.

La profundidad de la integración del joven creyente de la Palabra de Dios en sus vidas tendrá repercusión directa en cuán bien aprendan a alejar el mal. Aquí es posible la enseñanza en grupo pero la tutoría es mejor para trabajar con los conflictos personales. Establecer buenas relaciones de trabajo nos permite controlar cómo las personas están haciendo a través de sus distintas etapas de desarrollo.

La edad física puede afectar la rapidez con la que un creyente podría crecer espiritualmente. Un joven niño tardará mucho más que un adulto para ir a través de la nueva etapa de nuevo creyente. Esto tiene que ver con su capacidad para procesar información y la forma de interactuar con los demás.

Las metas para el joven creyente

La duración de esta segunda etapa del discipulado, por lo tanto, pueden variar, pero en generalmente hablando, se debe tomar alrededor de tres años. Algunos, o deberíamos decir muchos, lamentablemente nunca se han desarrollado fuera de ella. Ellos nunca han dominado las lecciones necesarias. Su duración de conocer a Cristo, no puede ser un indicador de la madurez espiritual. Podemos deducir de Juan que el joven creyente tiene varias cosas importantes que aprender:

(1) Alimentarse espiritualmente a sí mismos con la Palabra de Dios (ej. regular y servicial en los momentos de silencio).

(2) Comprender la enseñanza clave de la Palabra de Dios en relación con aspectos tales como la victoria sobre el demonio, a través de Jesús, la obra de Cristo en la cruz.

(3) Consistentemente discernir y superar las tentaciones que entran en sus vidas.

Es difícil, si no imposible, decir cuando una persona se convierte en un adolescente y deja atrás los años de la adolescencia y de las actitudes. No es muy preciso en el reino físico, no podemos permitir que no sea preciso en el mundo espiritual también. Habrá aquellos tiempos cuando él o ella todavía es joven espiritualmente pero actúa maduramente, y viceversa.

Es más importante centrarse en los objetivos principales para el joven creyente e identificar qué debe ocurrir para alcanzar esos objetivos. Nuestro Señor es capaz de utilizar todo tipo de situaciones que encontremos para entrenarnos. Nada está fuera de sus límites. Se un aprendiz. Él no desperdicia un momento como nuestro Maestro Formador.

Levantando mentores de Dios

Nuestra etapa dos del libro de entrenamiento destaca cómo un creyente aprende a usar la palabra de Dios para crecer en esta etapa de joven creyente. [8] Encontrar un mentor de Dios/maestro que cree que hemos vencido al maligno, no sólo en teoría solamente, sino de una manera práctica es extremadamente útil.

Porque muchos creyentes no han sido adecuadamente capacitados, ellos no necesitan dominar estas enseñanzas de la fe. El entrenador debe aprender a aprovechar estos individuos y centrarlos en donde deben estar, como creyentes. Si el tutor no ha aprendido a superar las tentaciones de una o más áreas de su vida, entonces el joven creyente será capacitado para dudar de que Dios les puede ayudar también. Esto deja inservible más que fortalecer la fe de uno.

Recuerdo tomando cursos de consejería y leer muchos libros de entrenamiento pastoral para ayudarme a ganar confianza para que yo pudiera crecer personalmente en las áreas en que yo estaba luchando. Estas son cosas he debido haber dominado mucho antes en mi vida.

Hay una incredulidad general en la iglesia, en que los creyentes puedan superar las diversas luchas personales a las que se enfrentan. Estas luchas a menudo tienen que ver con la integridad de sus vidas y cómo pueden centrarse en las necesidades de los demás, en vez de ver sus propias preocupaciones. La mentalidad de "víctima" presupone de que no hay manera de ganar. Sin una historia de superación, los mentores no tienen ningún mensaje de esperanza que ofrecer, pero sólo la incredulidad y encubrimiento para aquellos que capacitan. Ser abierto acerca del fracaso de uno es una cuestión relevante, pero tiene el mentor que compartir sus victorias?

---

[8] *Llegando Más Allá de la Mediocridad: Siendo un Vencedor* (Tanto los formatos de entrenamiento del libro y libro de de asignaciones y video): http://www.foundationsforfreedom.net/Help/Store/Intros/Reaching-Beyond.html

Esta es la razón por la que necesitamos hacer toda este imagen de desarrollo espiritual disponible para que todos, incluidos los mentores, puedan ver dónde están. Esto mueve a, maestros, pastores y formadores en la fe que Dios puede ayudarles con sus conductas pecaminosas tales como mirar porno (realmente adulterio), orgullo espiritual, ira, etc. Repudiamos la creciente tendencia a enviar a los creyentes con problemas a "especialistas" que someten los problemas con drogas o "psico-habladuría". Esto podría mantenerles de un comportamiento extremo pero paraliza su sistema de respuesta espiritual. ¿Por qué no mostrarles cómo superar estas cosas y aprender a confiar en Dios para estas cuestiones? Nuestro objetivo es construir el discernimiento de los jóvenes creyentes para que puedan ver al maligno tentador ellos y saber exactamente cómo responder. Cuando ellos consistentemente lo hacen habrán pasado a la tercera etapa de crecimiento espiritual, que seguirá el resto de sus días en la tierra.

Sin la fe en la obra de Dios en cada etapa, no alcanzaremos el objetivo final de la plena madurez. Pero si creemos, por alguna razón, y de alguna manera, que Dios ha dirigido a mí y a otros a desplazarse a través de la segunda etapa de madurez espiritual, entonces seremos capaces de confiar en Él para continuar. Nuestra fe en la obra de Dios en nosotros nos impedirá renunciar.

Lección

- El joven creyente tiene una trayectoria de crecimiento diferente a los nuevos creyentes.

- El joven creyente debe aprender cómo cuidar de sí mismo en la Palabra de Dios para que él pueda superar una variedad de tentaciones.

- Hay una crisis en la iglesia porque los creyentes mayores no están convencidos de que puedan vencer cualquier tentación (no han crecido en medio de esta etapa).

- Aunque los pasos para superar la tentación son fundamentales, los jóvenes creyentes junto con sus entrenadores a menudo no pueden delinear claramente cómo hacerlo, y así los creyentes se hunden en incredulidad, estado de tibiez.

Memorizar y Meditar

- Efesios 6:11-12

Asignación

➡ ¿Por qué crees que eres o no un joven creyente? Dar algunas razones.

➡ Cuán bien está equipado para entrenar a un joven creyente a vencer toda clase de tentación?

➡ Hay áreas que no se han superado o no sabría cómo ayudar a alguien más? ¿Qué son? Pida al Señor que restaure su creencia de que Su pueblo pueda superar, y mostrar cómo el pueblo de Dios puede hacerlo.

#30
Equipando a los Jóvenes Creyentes

Vamos a discutir el entrenamiento para los jóvenes creyentes. Cada niño hará crecerá físicamente, pero muchas de ellos enfrentan un momento difícil de maduración. Pueden malinterpretar muchas cosas, especialmente si crecen en hogares sin amor. Si los antecedentes son más disfuncionales, a más dificultades estos jóvenes se enfrentan. Lo que ocurre físicamente en verdad es relevante para los jóvenes creyentes espiritualmente.

Habiendo entrenado y hablado con muchas personas que se preparan para el ministerio, tengo la sensación de que no pocos van al seminario en gran parte a para trabajar a través de problemas personales. Ellos piensan que la teología hará que sus luchas personales desaparezcan.[9] Deberían haber recibido la capacitación para superar estas luchas interiores en sus iglesias y entonces, debido a al llamado, entrar más al entrenamiento oficial.

Por desgracia, el entrenamiento que necesitan en esta segunda etapa del discipulado está ausente en la mayoría de las iglesias, y de hecho, en la mayoría de los seminarios. Cursos de consejería y especialidades han obedecido en gran parte porque la iglesia no ha instruido adecuadamente al pueblo de Dios en estas áreas.

Me pregunto, sin embargo, si aquellos que se sientan en muchas de estas clases están verdaderamente siendo ayudados. La razón es que existe una gran falta de fe en cuanto a donde el cristiano debe ser o cómo debe llegar allí. Muchos asesores enseñan que uno debe tolerar un poco la ira y la ansiedad, pero esto es adoptar una perspectiva tan diferente de lo que nos es dado en las escrituras. Queremos eliminar la ira, no sólo manejarla.

Dios tiene Sus objetivos y los medios, pero la iglesia no ha adoptado los objetivos de Dios y no confían en Sus medios para ayudar a su pueblo crecer. El problema no es el mundo en el que los nuevos creyentes vienen, sino la falta de fe en la iglesia y sus líderes.

Dios quiere que todo Su pueblo reciba un excelente entrenamiento para que pueda crecer en personas fuertes y de Dios (ver Efesios 4:15-16). Este entrenamiento no está siendo relegado a algunos profesionales con licencia estatal en consejería. Los creyentes asumen que uno necesita un doctorado para poder ayudar a alguien a afrontar luchas espirituales básicas en la vida. Esto es equivocado.

Aunque las iglesias deben de entrenar a su gente, muchos no están y, por tanto, esta instrucción es necesaria en las Escuelas Bíblicas y seminarios. ¿Qué pastor o misionero o educador cristiano, joven trabajador, persona sola, esposa, etc. no necesita comprender y vivir la vida justa? Todos necesitamos. La vida de Dios es el núcleo de cómo-Cristo ministrando. Necesitamos esta enseñanza a fin de que podamos

---

[9] La respuesta no es teología sino verdad-en la verdad creída. Este problema ilustra de nuevo que lo que sabemos no es necesariamente lo que creemos.

asegurar que toda la gente de Dios están espiritualmente fuertes y saludables.

Los líderes también necesitan entrenamiento sobre cómo El Núcleo de la Vida debe integrarse en el entrenamiento de sus ministerios. Necesitan adoptar metas de Dios de vida de Dios y aprender cómo entrenar a otros. Aquí están algunos de los objetivos del entrenamiento de los jóvenes creyentes. Cada joven creyente necesita:

+ Completamente ser equipado para ver tentación

+ Entender el problema fundamental de la tentación

+ Observar cómo la tentación se refiere a su naturaleza de pecado y el mundo

+ Adquirir y utilizar la verdad para luchar contra la tentación

+ Priorizar el lugar del perdón en sus corazones

+ Ser testimonio personalmente del poder de la Palabra de Dios

Juan el Apóstol dijo la verdad: los hombres jóvenes han vencido al maligno. Tanto los hombres como las mujeres de Dios tienen su victoria segura. Es algo que no puede ser, pero algo que es. Cuando permitimos que el pleno poder de la Palabra de Dios en nuestras vidas, entonces nuestra fe es fortalecida y podemos discernir las mentiras de Satanás, aplicar la verdad y mantenernos firmes.

Porque todo el que ha nacido de Dios vence al mundo. Y ésta es la victoria que ha vencido al mundo: nuestra fe (1 Juan 5:4).

De nuevo, tenemos que recalcar que todo esto es parte de un amplio proceso básico de vida. La vida espiritual fue dada a nosotros para que podamos ganar constantemente sobre la tentación (aunque ese no es nuestro objetivo final). Muchos consejeros no están liderando al pueblo de Dios a la victoria, sino solo la victoria sobre cómo sobrellevar o tolerar la derrota. Este es un grito lejano desde el propósito de Dios en el evangelio de Jesucristo. Dios quiere darnos la victoria consistente. Debemos rehusar dar al enemigo cualquier apoyo en nuestras vidas.

Ventajas del entrenamiento

En el comienzo, por supuesto, tenemos que volver regularmente al poder de la cruz para encontrar el perdón y la restauración. Esto es simplemente para recordarnos de la sublime gracia de Dios.

Como el creyente perdura lucha tras lucha, sin embargo, él está empezando a ver cómo el maligno le mantiene hacia abajo. Para esta etapa de entrenamiento debería centrarse en cómo conjurar el mal de los regímenes y a través del poder de la Palabra de Dios para mantenernos firmes.

Aplicando este entrenamiento con cada estudiante, miembro de la iglesia, asistentes, etc., debemos impulsar la fe de cada creyente. Esto no es una simple recitación religiosa de "creo", sino aprender a llevar la Palabra de Dios y usarla para vencer al maligno.

Este no es el propósito de Dios para cada creyente en la vida? ¿Por qué es que la mayoría de los creyentes nunca consigue avanzar en esta etapa? Muchos pastores y maestros me dicen que están todavía en esta segunda etapa. Si todavía están allí, entonces aún no han madurado en su fe para entrenar a otros sobre cómo escapar, por lo menos en los ámbitos en los que se sienten débiles.

Peor aún son aquellos líderes que están convencidos de que no es posible vivir vidas de Dios y superar la tentación.

Aprendiendo a entrenar

Quizás se esté preguntando cómo podemos entrenar estas cosas? Donde podemos aprender cómo poner estos comportamientos y características en la práctica? El entrenamiento es personalmente desafiante, pero no complicado o caro. El apóstol Juan ha hecho un trabajo maravilloso en la focalización de las áreas principales en las que debemos centrarnos.

Los principios básicos son explicados en los cuatro primeros capítulos de nuestro "*Llegando más allá de la mediocridad: Siendo un Vencedor*". Está basada en la suposición de que Dios ya ha hecho de nosotros los vencedores y que Dios está obrando en nuestro nombre en esta guerra espiritual en la que estamos comprometidos para reflejar mejor Su santa imagen. Los capítulos posteriores usan estos principios para mostrar cómo éstos nos permiten superar los principales problemas personales como la ira, la lujuria y el orgullo.

Si uno no aprende cómo manejar adecuadamente 'pequeños' pecados, tales pecados se convertirán en ocupantes, eventualmente destruyendo a él o a ella. Piense en los muchos pastores que han volado de sus ministerios. La protección necesaria se lleva a cabo en la profundidad en el corazón a través de la Palabra de Dios. "Cuida tu corazón más que otra cosa, porque él es la fuente de la vida.." (Proverbios 4:23).

Esta capacitación no toma mucho tiempo. Al igual que una persona debe crecer a través de los años de la adolescencia, un joven creyente debe crecer hasta su plena madurez en tan sólo unos pocos años.

Yo generalmente digo que tarda unos tres años para crecer a través de esta etapa. Los principios pueden ser aprendidos más rápidamente si el discípulo es ya conocedor de la Palabra de Dios. El problema no es el tiempo o gastos. El mayor problema es convencer a los maestros y pastores a creer que esto es lo que Dios quiere hacer, y puede hacerlo fácilmente en la vida de cada creyente. ¡No estamos sugiriendo algún tipo de proceso de sanidad mágica o milagro que ha de seguirse, pero están planteando claros principios bíblicos que funcionan!

Clarificando nuestra visión

Piense por un momento. ¿Cuál es su convicción personal acerca del promedio de los creyentes? ¿Cree que pueden crecer en plena madurez espiritual? Son capaces de resistir cualquier tentación? (Esto es tan diferente de lo que vemos en nuestras iglesias!)

¿Qué pasa si nosotros personalmente podríamos creer que Dios quiere que consistentemente venzamos cualquier tentación así que no tenemos que caer; no sería eso un poco de noticias increíbles? La iglesia es tibia porque ha renunciado a la esperanza de que un verdadero cambio pueda ocurrir.

¿Qué tipo de personas estamos graduando de nuestras escuelas y seminarios de entrenamiento? ¿Qué tipo de líderes estamos produciendo en nuestras iglesias? Estamos satisfechos con su madurez espiritual? En la mayoría de los casos, la desafortunada respuesta es 'no'. La razón es simple. No les hemos entrenado en la manera que la palabra de Dios dirige. Debido a su incredulidad aprendida y derrota, ellos, a su vez, capacitarán a otros para no buscar por la victoria personal. Es imperativo que nuestros dirigentes aprendan a vivir en la verdad de la Palabra de Dios y enseñar a otros a hacer lo mismo.

Nuestras congregaciones de la iglesia están en un lío, no porque no pueden cambiar, sino porque no creen que puedan ser cambiadas. Aunque las adicciones forman obstáculos adicionales para superar, pueden igualmente ser saltados cuando nosotros consistentemente apliquemos sistemáticamente estos principios con un corazón de fe.

Implementación de la visión de Dios n

¿Cómo podemos poner en práctica esto en nuestras escuelas e iglesias? Algunas instrucciones pueden ser enseñadas en las clases, pero el pequeño grupo y tutoría individual es clave para identificar los conflictos personales y, a continuación, ser capaz de mostrar cómo funciona el proceso de la victoria.

A menudo la gente no le gusta reconocer públicamente sus pecados y debilidades. Ellos podrían no tener problema al hablar de ciertos problemas pecaminosos, pero otros están ocultos detrás de las escenas, incluyendo reacciones negativas y patrones de pensamiento pecaminoso. Muchas respuestas pecaminosas como un espíritu no perdonador se incrustan en nuestras vidas desde nuestra niñez temprana, de modo que nuestra familiaridad con ellos anula sus advertencias de dolor, la retirada emocional y la desconfianza.

¿Cómo puedo saber estas cosas? La Palabra de Dios nos dijo lo mismo. He visto lo que sucede cuando no vivimos para Sus grandes principios-nuestras vidas se caracterizan por la derrota y el fracaso en lugar de testimonio y de victoria. Por otro lado, he experimentado el asombro al ver que el poder de Su Verdad trabajando en mi vida y la de otros. La victoria personal va en un largo camino para establecer entrenadores eficaces. No puedes pasar algo que no tienes tú mismo. Las

Escuelas de ministerio, junto con las iglesias deben establecer instructores victoriosos para aplicar el proceso de 2 Timoteo 2:2.

Dios nos está aclamando a la victoria. Él lo ha hecho así que podemos superar; ahora debemos obedecerlo, crecer a través de esta etapa y pasar a la madurez donde Él tiene más planes para nosotros. La cantidad y la calidad de nuestro servicio fructífero depende en gran medida de lo bien que hacemos en esta segunda etapa.

Si la iglesia tuviera estas verdades integradas en su entrenamiento para todos los creyentes, el pueblo de Dios sería fuerte en su fe! El avivamiento estaría al alcance de la mano. Las familias serían restauradas. Habría un montón de grandes líderes. Sin una adecuada formación del corazón y de la mente, sin embargo, sólo estamos perpetuando nuestros problemas mientras que las oscuras formas y mentalidad del maligno se filtra en nuestras vidas. La verdadera capacitación debe incluir el establecimiento de una fuerte vida de Dios, sin la cual no hay verdadero amor.

Lección

- Muchos creyentes hacen el hábito de cristianos derrotados porque no son encantados por el poder y la gloria de la Palabra de Dios trabajando en sus vidas.

- Dios ha dado a la iglesia los medios para vivir vidas santas para regularmente superar el pecado y afirmar la verdad de la cruz por sus fracasos.

- Cuando la Iglesia abraza la fe para vencer la tentación y el pecado, entonces ella aprenderá a depender de su poderoso Dios y buscar un avivamiento.

- El entrenamiento debe provenir de líderes que han visto el poder de Dios en sus vidas.

Memorizar y Meditar

- 1 Juan 5:4

Asignación

➡ Identificar una debilidad en su vida y en las medidas necesarias para superarla. ¿Está trabajando activamente en la superación de ese problema? ¿Puede comunicar este proceso a otros?

➡ Nombre varios grandes pecados que ves en otros. Explicar los pasos necesarios para ayudar a cada uno de ellos gane esperanza y la fe para salir de esos pecados.

➡ ¿Su escuela o iglesia tolera inmadurez y actitudes pecaminosas y comportamientos en los líderes que se esté desarrollando? ¿Cómo debe abordarse este problema?

#31

Mentoreando a Creyentes Maduros

¡El deleite de la tutoría!

Uno de los mayores desafíos para el correcto pensamiento en esta tercera etapa de crecimiento espiritual, descrita por Juan como "padres", es que se ha vuelto culturalmente inadecuado para describir a uno mismo o a los demás como un creyente maduro. Esta mentalidad retrata a un falso sentido de humildad e impide a Su pueblo de tener una necesidad de aproximamiento bíblico de la vida. ¿Conoces a algunos padres que niegan a ellos mismos ser un padre?, "¿Oh, lo crees. Pero yo realmente no soy un padre."? Esta escena es bastante ridícula (especialmente cuando ves a sus dos chicos tirando de su pantalón solicitando algo) para ser padre es una etapa normal de la vida-nada para estar avergonzado.

Los problemas de orgullo y la trampa de pensar que 'ha llegado' es ciertamente un gran problema, pero si queremos obtener un buen vistazo a la etapa de padre, descubriremos que la perspectiva bíblica tiene su propia manera de tratar con el orgullo.

La comparación es un problema con la humanidad pecadora. La tendencia del hombre es querer pensar de él o de ella misma como mejor que otro. El punto de vista bíblico, sin embargo, nos tiene:

(1) Adoptar cada vez más las normas y objetivos de Dios.

(2) Buscar a Dios continuamente nos mentorea en la piedad.

(3) Estar capacitados para ayudar a aquellos que nos rodean.

Puedes ver la diferencia? Buscando el crecimiento, debemos admitir que tenemos espacio para el crecimiento y una mayor madurez. Centrándose en servir a los demás, ya no podemos compararnos con los demás. Este es el verdadero espíritu detrás de esta tercera etapa de los padres. En todo caso, deberíamos estar clamando por los muchos Cristianos alrededor de nosotros que no han pasado a ser padres sino enredados en algún lugar del camino.

Jesús dijo que estaba bien y correcto pensar de sí mismo como maduro. " Y es que la tierra da fruto por sí misma: primero sale una hierba, luego la espiga, y después el grano se llena en la espiga;" (Marcos 4:28). Esta última etapa es donde deberíamos esperar a dar sus frutos. En contraste, cuán trágicas nuestras vidas son cuando no producimos ningún fruto divino por la auto-indulgencia, quizás por perder el tiempo viendo vídeos o jugando. Hay, quizá, pecado mayor que el de un padre a desatender las necesidades de sus hijos mientras utiliza su dinero y tiempo para tratar profusamente a sí mismo. Esto sucede, pero qué trágica aventura.

En la primera etapa vimos cómo el pequeño era muy dependiente de los padres, incluso para las necesidades básicas de la vida. De la misma manera, nos parece adecuado que cada creyente crece en Cristo hasta la madurez, donde dirigen a otros a Cristo y ayudan en su caminar espiritual. Si nadie se preocupa por los nuevos y jóvenes creyentes, ellos se tambalearán en su fe. Este es el espíritu de la paternidad-el cuidado de aquellos que le rodean, y, como mínimo, aquellos que llevas a Cristo.

Esta tercera etapa es donde entrenamos a los creyentes a aprender a cuidar adecuadamente de los demás. Incluido en esto, mientras se desarrolla una fundación para servir, es comprender cómo cultivar una vida más íntima y profunda con Dios. Como padres, hombres y mujeres de fe, maduros en estas cosas, ellos se desarrollan en líderes que están dispuestos a supervisar las necesidades de la iglesia en su conjunto, así como ministrar a otros creyentes individuales alrededor de ellos.

Desde una perspectiva del padre

Tengo ocho hijos con un intervalo entre el mayor y el menor de 22 años. Ahora, tengo cuatro adolescentes; esta tendencia continuará durante un número de años todavía! Algunos están acercándose a graduarse de la escuela secundaria, mientras que otros aún no se han asentado en su vida adulta. No estamos de prisa, pero siempre oramos para que obtengan la educación necesaria que les permita encontrar un buen trabajo para que puedan a su vez cuidar de su propia familia. Como padres deseamos más para ellos más que nadie.

Dios como nuestro 'Padre' asimismo desea que nos movamos hacia la plena madurez. La madurez hace sonar con un sentido de cumplimiento con respecto a lo que Dios ha diseñado para nuestras vidas. La tercera etapa del desarrollo espiritual se diferencia del hinduismo que más trata del desprendimiento espiritual de ellos mismos de su familia y el mundo 'real', y pasar el resto de sus vidas buscando iluminación espiritual. Por el contrario, el creyente cristiano maduro busca más intimidad con Dios, para que él o ella pueda propiamente comprometerse y servir a otros.

Primera ofrenda nosotros mismos a nuestro Señor

La gente en el mundo quizá sólo sirva para recibir una recompensa financiera o emocional. El pueblo de Dios sirve porque ellos han sido abrumados con el agradecimiento a Dios por Su obra en sus vidas. Tratan de complacer a Dios y cuidar a los demás. Algunos Cristianos están llamados a pastorear, pero todos los creyentes están destinados a crecer cuidando a otros. Los pastores equipan a cada uno para servir (Efesios 4:11-12).

Con un corazón para servir

¿Cómo encaja la perspectiva de servir en nuestras vidas? La visión de servicio debe ser profundamente integrada en la mente y en el corazón del creyente. Este es un gran desafío en las distintas sociedades a lo largo de la tierra donde aquellos en autoridad sientan que ahora es el momento de ser servido. Este egoísmo es sutil pero muy real en nuestro mundo post-moderno. Esperamos a la jubilación donde conseguimos indulgencia para disfrute de nuestros propios placeres, sin ningún sentido de la responsabilidad para con los demás.

Pablo reprendió a aquellos que se centran en la propia espiritualidad sin preocupación por los demás, "Hermanos, no sean como niños en su modo de razonar. Sean como niños en cuanto a la malicia, pero en su modo de razonar actúen como gente madura.." (1 Corintios 14:20).

Como entrenadores debemos observar cuidadosamente lo que se necesita por aquellos que nos rodean y proveen todo el entrenamiento especializado que sea necesario. Algunas iglesias están buscando programas de discipulado. Los programas son normalmente regimentados y rígidos, a menudo, no permitiendo a Dios liderar individual y entrar. Buenos recursos son importantes, pero el tiempo debe ser gastado con individuos para ver cómo el Señor está liderando a la persona. Muchos recursos, tales como los seminarios de entrenamiento por vídeo pueden ser utilizados, pero siempre debemos incluir también momentos especiales solos ante el Señor.

Esta mañana, durante mi tiempo tranquilo antes de escribir esto, yo estaba buscando el Señor acerca de los preparativos para un viaje de entrenamiento en el extranjero. El Señor me llevó a escribir una nota a algunos de mis hermanos allí para aclarar algunas cuestiones. Cuando llegué a mi computadora, la cuestión había sido confirmada por un mensaje de correo electrónico de nuestro coordinador allí diciendo la misma cosa. Dios me dio un toque en mi corazón y luego me lo confirmó. La decisión tuvo exigencias financieras, pero porque Dios estaba en esto, puedo confiar que Él proveerá la necesidad. De esta forma mi fe fue construida para una mayor y más cosas. La mayoría de estas lecciones del corazón se han aprendido en privado con el Señor.

Entrenar creyentes maduros cómo:

➡ Buscar intimidad con Dios

➡ Profundizar en Su Palabra

➡ Batallar con profundas luchas personales

➡ Perseverar cuando otros han renunciado

➡ Creer cuando otros dudan

➡ Ser puro mientras se vive en una sociedad impura

➡ Demostrar el amor de Dios a través de servir a otros

➡ Amablemente enfrentar a otros según sea necesario

El auténtico creyente nunca se atreve a dejar de crecer. Crecemos en nuestra relación con Dios, que aspiran a ser como Jesús y servir mejor a los demás. Como un entrenador o mentor, siempre estamos buscando a Dios sobre la mejor forma de fomentar el desarrollo en una o más áreas de nuestras vidas

Lección

- Los creyentes deben soñar de estar espiritualmente 'crecidos', donde pueden estar cerca de Dios y empoderados por Él para servir a quienes les rodean.

- Dios quiere dar frutos a través de nuestras vidas. Esto ocurre principalmente como creyentes maduros espiritualmente ven el Espíritu de Dios maravillosamente trabajando a través de sus vidas.

- Nuestro entrenamiento no sólo debe inculcar esta visión completa para el creyente, sino también equipar a él o a ella a permanecer cerca de Dios y servir a otros.

Memorizar y Meditar

- 1 Corintios 14:20

Asignación

➡ ¿Es usted un creyente maduro? ¿Qué pruebas tienes que respalde su respuesta?

➡ ¿Qué desafíos tiene para permanecer cerca de Dios?

➡ ¿Alguna vez has experimentado estar "exhausto" donde uno se siente espiritualmente seco y no hacer algo para servir para ser utilizado? ¿Cómo manejó usted esto? ¿Cómo podría avisar a otro para lidiar con esta situación?

#32
Equipando a Creyentes Maduros

El entrenamiento de aquellos en la tercera etapa del crecimiento espiritual del cristiano es significativamente diferente de las dos primeras etapas.

El enfoque de los dos primeros niveles es ayudar al creyente pasar a través de esas etapas. Según Juan en 1 Juan 2:12-14, no existe una cuarta etapa aquí en nuestra experiencia terrenal. Este hecho cambia nuestra manera de abordar el crecimiento en este nivel. Así, mientras en las etapas uno y dos, el creyente se centra en objetivos que permitan a él o ella para el paso a la siguiente etapa, el creyente en la tercera etapa adopta objetivos de desarrollo espiritual continuo dentro de ese etapa.

Algunos de los peligros existentes en este nivel. Podríamos pensar en los ancianos que han controlado durante veinte años o más en su iglesia y están espiritualmente "atorados" en su crecimiento espiritual. O considere al creyente que piensa ser fiel significa sentarse en el mismo banco durante treinta años. Y, por supuesto, existe la fuerte disciplina que Moisés recibió del Señor por golpear la roca en vez de hablarle (Números 20:11-12).

Estos problemas pueden ser resueltos por entender correctamente el crecimiento en este tercer nivel de desarrollo cristiano. El desarrollo espiritual continuará desarrollándose cuando busquemos maneras de mantener y crecer en la intimidad con Dios a través de Cristo. Incluso los adultos crecen en su madurez, sabiduría, compasión y en la plenitud de Cristo (Efesios 4:13).

Seamos conscientes, sin embargo. Siempre es mucho más fácil entrenar a un nuevo creyente hasta el tercer nivel que entrenar otra vez a aquellos, atascados en sus caminos, que piensan que son crecidos.

Mantener nuestro crecimiento

Aunque la palabra "mantener" no evoca las palabras de desarrollo, se hace referencia a consistentemente priorizar determinadas disciplinas espirituales en la vida de uno. La oración que, por ejemplo, que cierra la discusión íntima con Dios que puede y debe crecer. Como el estudio bíblico personal, es necesario seguir profundizando.

Estos puntos donde estamos tentados a flaquear, se desliza en la tibieza o desobedecer también sirve como lugares donde podemos desarrollar nuestro compromiso con los propósitos de Dios en nuestras vidas. Aquellos en este tercer nivel están repetidamente siendo preguntados por el Señor, "¿Qué o quién es el más importante en su vida?" Nuestra respuesta revelará si estamos buscando a Él con todo nuestro corazón, o no.

Hay unos pocos reyes que hicieron bien anticipadamente en su servicio, pero más tarde se convirtieron en orgullosos e idólatras. Estos peligros, sin embargo, son también las oportunidades para afirmar nuestro compromiso, tomar las decisiones correctas y mantenerse en el camino. Hay muchos versículos exhortando a nosotros para 'retener' en la medida de crecimiento que hemos experimentado:

"Mantengamos firme y sin fluctuar la esperanza que profesamos, porque fiel es el que prometió" (Hebreos 10:23).

"Por lo tanto, hermanos, manténganse firmes y retengan la doctrina que personalmente y por carta les hemos enseñado" (2 Tesalonicenses 2:15).

"Examínenlo todo; retengan lo bueno" 1Tesalonicenses 5:21.

"Ya pronto vengo. Lo que tienes, no lo sueltes, y nadie te quitará tu corona" (Apocalipsis 3:11).

El creyente maduro debe tener cuidado de mantener un corazón ardiente para el Señor. Esto es difícil. Él o ella se enfrentará a veces de decepción, abundancia, duda, poder, depresión, fama, amargura, dolor, sufrimiento y quizás la persecución. Cada uno de ellos se convierte en una situación en la que tenemos que tomar las verdades anteriores y de nuevo nos comprometemos a vivir los caminos de Dios.

La gran cosa sobre la vida espiritual es que no hay fin a las posibilidades de crecimiento. Pablo lo expresa así:

No es que ya lo haya alcanzado, ni que ya sea perfecto, sino que sigo adelante, por ver si logro alcanzar aquello para lo cual fui también alcanzado por Cristo Jesús (Filip 3:12).

Pablo es consciente de que su desarrollo espiritual y la vida útil restante no es sólo para él mismo, sino para el Señor para trabajar en Sus propósitos a través de su vida por los demás (Filipenses 1:22-24). Él quiere obtener todas aquellas pequeñas y grandes cosas que el Señor ha planeado para él.

Integración en el tercer nivel

Cuando pensamos en las exhortaciones de Juan en 1 Juan 2:12-14 para cada uno de los tres niveles, comenzamos a centrar claramente en el crecimiento que tiene lugar durante esa etapa de crecimiento espiritual. Esto también es cierto en esta tercera etapa de la vida cristiana. No solo somos religiosos, aunque desde el exterior podría mirarse de esa manera. Renovamos nuestro propósito de conocer a Cristo y tenerle a Él para vivir sus propósitos a través de nuestras vidas.

Producir fruto

Intimidad con Cristo

El agotamiento ocurre si no somos cuidadosos. El servicio se convierte en rutina y seco si a menudo no nos refrescamos en la presencia del Señor. Observe cómo Pablo recuerda a los cristianos de Roma, "Si algo demanda diligencia, no seamos perezosos; sirvamos al Señor con espíritu ferviente" (Romanos 12:11).

El propósito para el que realizamos estas cosas no debe ser olvidado, ni en nuestras vidas ocupadas o en situaciones desesperadas. Jesús es el último ejemplo, mostrando la relación entre la devoción y el servicio: "

> Yo soy la vid y ustedes los pámpanos; el que permanece en mí, y yo en él, éste lleva mucho fruto; porque separados de mí ustedes nada pueden hacer (Juan 15:5).

Cada palabra nos recuerda la relación íntima que debemos mantener si queremos seguir viendo la vida de Dios trabajando a través de nosotros en forma decidida.

Un vistazo a los materiales de entrenamiento

El entrenamiento en esta etapa requiere desarrollar una visión más clara de cómo Satanás astutamente tienta a los creyentes, así como fomentar una relación íntima con el Señor. De esto viene tanto el aumento de la devoción y la fecundidad. En muchos casos los creyentes simplemente no han sido capaces de mantener los tiempos devocionales. Como resultado, se convierten en "apartados" de Cristo y no pueden crecer, se convierten en apáticos. Un buen entrenamiento ayuda:

+ El proceso de siempre tener momentos de silencio significativo

+ El camino para restablecer los buenos tiempos tranquilos después de un lapso

+ El camino para obtener una visión de pasajes difíciles

+ Los medios de escucha de Dios en las escrituras.

Muchos de estos procesos son simplemente centrados en la iglesia típica o el entrenamiento en el seminario. Podemos echar la culpa a la gente por no saber cómo, en lugar de ofrecer el gran entrenamiento de que nuestro Señor les gustaría darles.

La atención especial también es necesaria en toda la zona de la fecundidad. La madurez produce fruto. Jesús no sólo espera de nosotros a dar fruto, pero que permanezca (Juan 15:16).

En la mayoría de los casos medimos nuestros ministerios por su fecundidad. Esto es bueno, pero es importante mantener una perspectiva más amplia del crecimiento en esta tercera etapa. Simplemente recuerde que la fecundidad no siempre es vista en cada segmento de esta etapa de crecimiento cristiano, como cuando uno está padeciendo penurias. El fruto de los sufrimientos de Jesús sólo se hicieron evidentes más tarde después de Su resurrección.

Hay muchos buenos libros para fomentar el fervor cristiano y optimizar nuestro servicio. Esta es una gran bendición para nuestra época donde podemos "encontrar" a otro creyente fuerte a través de su capacitación, libros y ahora los videos y audios. Podremos solicitar libros para leer, los estudios para hacerse, pero a medida que nos movemos hacia arriba hasta la más profunda intimidad con Cristo, veremos que muchas de las lecciones más importantes no pueden ser fácilmente probadas o evaluadas. Esto es, sin duda, uno de los motivos por los que a menudo son abandonados en las escuelas.

Una mirada práctica

Mentorear en esta etapa es mejor que cuando en pequeños grupos o uno-a-uno, un lugar en donde todos pueden compartir abiertamente. El gran aspecto sobre el discipulado es que incluso cuando un creyente podría estar viajando mucho o en una iglesia que no se hace el discipulado, él todavía puede fácilmente discipular a otro.

Por ejemplo, en este tercer nivel, solo encuentre uno o dos hermanos (o hermanas si eres una hermana) y encontrar una necesidad común. A menudo pregunto a la persona qué área le gustaría crecer y comparto también cómo me gustaría verlo crecer en otra área (por ejemplo, ponerse a la escucha de Dios, explorando un libro bíblico, etc.). El tiempo se divide entre orar, compartir y discutir las dos áreas. Uno puede reunirse prácticamente en cualquier lugar y en cualquier momento!

En los capítulos siguientes, vamos a reflexionar más sobre este desarrollo y lo que significa en las instituciones de entrenamiento formal, así como de manera informal como iglesias donde no hay grados (pero tampoco hay matrícula!).

Lección

- Este tercer nivel de crecimiento espiritual difiere de los anteriores porque su objetivo es prosperar dentro de esta etapa, en lugar de pasar a través de él.

- Los peligros que amenazan nuestro crecimiento pueden evitarse centrándose en lo que Dios está haciendo a través de nuestras vidas en cualquier etapa dada.

- El entrenador equipa a cada creyente para llevar a cabo las obras previamente planeadas de Dios que Él tiene para él, recordando que sólo pueden hacerse a través de una creciente intimidad con Cristo y por la gracia de Dios.

- El entrenamiento cristiano debe hacer mucho más que preparar a los creyentes a crecer en este tercer ámbito de desarrollo.

Memorizar y Meditar

- Filipenses 3:12

Asignación

➡ Escriba tres historias de vida cristiana (suya o de otros) que le han ayudado en su crecimiento espiritual. Explique cómo cada le ha ayudado.

➡ Has enfrentado agotamiento, una fe seca, etc.? Escoja una situación y explique cómo se produjo. ¿Cómo fue finalmente resuelto?

➡ ¿Estás en el tercer nivel de madurez? Explicar.

➡ ¿Cuáles son sus mayores retos para mantener una fe vibrante ?

➡ ¿Has mentororeado a alguien en el tercer nivel de desarrollo espiritual? ¿Qué hiciste?

La Fuente de Vida y Entrenamiento

Capítulos 33-40

#33
El Objetivo Principal

El Núcleo de la Vida ha identificado cuáles son los propósitos del Señor en la vida de los creyentes y cómo, en diversos contextos, para profundizar el flujo del poder de Dios, que impulsa a la transformación de la vida del pueblo de Dios.

Dios está buscando que suceda ese crecimiento. Cuando vamos en contra de Sus propósitos, en la ignorancia o no, o lo disfrazan en una capa gruesa de asuntos importantes, el trabajo especial de cambio de vida de Dios se producirá sólo esporádicamente por Su gracia. Pero si por una cuidadosa deliberación adoptamos Sus propósitos para nosotros, entonces vamos a ver Su poder constantemente funcionar.

Cada escuela, iglesia, familia y persona debe examinar cuidadosamente su propia situación a la luz de los objetivos de Dios y hacer los ajustes necesarios. Buenas evaluaciones deben considerar los presentes deseos de dichos entrenamientos, así como las consecuencias de no haber trabajado estrechamente con Dios en los actuales programas y proyectos.

Mientras que la mayoría de las iglesias y otras instituciones cristianas fueron creados con fines sólidos, muchos han sido secuestrados o se han alejado. Si una iglesia no está buscando los objetivos de Dios o dando fruto, entonces ¿cómo puede estar tan seguro de que no se ha cortado desde la vid (Juan 15:1-6)? Muchos han empezado con los objetivos nobles pero se han desviado de su curso. Esta tendencia a menudo ocurre, centrándose en lo que los demás esperan, más que en lo que Dios está tratando de hacer.

Dios no nos evaluará por el número de nuestros graduados o cuánto hemos sobrevivido, pero por el producto final de la gente transformada de Dios y lista para ser usada por Dios para cambiar a otros? Quizás Cristo nos preguntará, "¿A qué grado permitiste que mi pueblo desee ser como yo, y sirva a los demás?".

Si examinamos nuestros resultados finales con nuestros objetivos, sin duda vamos a encontrar alguna conclusión de estos objetivos. Eso es bueno, pero somos más capaces de fijar nuestra atención y esfuerzos importantes en el propósito de Dios del desarrollo espiritual, el más efectivo equipamiento se convertirá, mostrándose en el aumento de la fecundidad.

Dios demanda el compromiso de trabajar con Él y esto requiere una continua búsqueda de lo que Él piensa que es importante. Dios no quiere ser conceptualmente conocido, pero conocido personalmente. Cada hombre y mujer debe ganar su propia confianza en Dios. Que la confianza sea establecida mediante un proceso constante, a menudo experiencias repetitivas, donde el individuo ve cómo Dios viene a través de ellos en tiempos difíciles. Escuche cómo las palabras de David.

"Mi Señor, mi fortaleza, ¡yo te amo! Mi Señor y Dios, tú eres mi roca, mi defensor, ¡mi libertador! Tú eres mi fuerza y mi escudo, mi poderosa salvación, mi alto refugio. ¡En ti confío! (Salmo 18:1-2).

¿Qué vemos pero una fuerte confianza personal en Dios mismo? David era un poderoso guerrero y era muy inteligente, pero detrás de todo esto eran numerosas experiencias de vida donde Dios reveló Su poder y deseo para ayudar a él. Dios quiere hacer lo mismo con cada creyente genuino en su propio contexto. La vida es la escuela de entrenamiento de Dios.

Aunque somos conscientes de este proceso, la forma en que se entrelazan con nuestros programas de entrenamiento ha sido difícil. El desarrollo de nuestras vidas personales es difícil de probar y

"Tú eres mi fuerza y mi escudo, mi poderosa salvación, mi alto refugio. ¡En ti confío!" [Salmo 18:1-2].

medir. El mundo moderno, con sus numerosos organismos de regulación oficial saltan a través de aros, hacen las mejoras difíciles. A veces no son sólo de los organismos gubernamentales, sino nuestra propia iglesia o grupos de acreditación especializadas en ayudarnos a lograr y mantener nuestras calificaciones. Eso normalmente es útil, pero al mismo tiempo nos limitan para evaluar nuestras instituciones desde sus criterios en lugar de Dios.

La tensión se monta cuando nuestros objetivos varían del Señor. Él ejerce presión sobre nosotros para ajustarse a sus estándares y expectativas. Es útil aclarar este proceso. El Señor nos podría hacer salir de alguna manera del sistema por la orientación y sabiduría especial, pero a menudo Él trabaja con nosotros directamente dentro del sistema existente.

El Núcleo de la Vida ayuda a proporcionar diversas formas de integrar el entrenamiento de desarrollo espiritual de Dios con nuestros métodos de entrenamiento actual. A continuación vamos a compartir algunas ideas sobre cómo hacerlo. Para mayor claridad, nos referiremos a las escuelas de entrenamiento profesional de nivel universitario para los ministros de tiempo completo pero más es aplicable a otras situaciones. Sólo mantenga su iglesia, vida, etc. en mente al leer cada punto.

Características del Núcleo de la Vida

Aquí están algunas características fundamentales de este enfoque, que son importantes para mantener en mente:

➡ **Intelectualmente estimulante**

Dos analogías de la vida han sido introducidos, uno sobre el origen de la vida y el segundo describiendo el desarrollo de la vida. Cada analogía proporciona una gran conciencia de verdades espirituales fundamentales. Cuanto más reflexionamos sobre ellas, profundizamos en los conocimientos que hemos obtenido de lo invisible pero mundo real de la vida espiritual.

No hace mucho tiempo, antes de que el hombre podría explorar el fondo del océano, pensamos que sería carente de vida. Ahora se sabe que el fondo oceánico profundo está rebosante de vida y presenta un nuevo y vasto campo de exploración emocionante. La riqueza de estudiar los propósitos de Dios y formas de esta manera es que favorece la meditación, la admiración y el mayor deseo de aprender y conocer a Dios, que nos da esta vida.

Esto contrasta con los estudios sobre una religión como el budismo, o un estudio de algún período histórico. Al final reflejan la distorsión del hombre, mientras que el Núcleo de la Vida nos lleva a la fuente misma de nuestras vidas, lo que es bueno, justo, próspero y habilitando el centro mismo de la vida que es Cristo en nosotros (1 Juan 5:20)!

➡ **Evaluado fácilmente**

Para ser honesto, ciertas partes del ciclo de desarrollo son difíciles de medir, pero aquellos en las etapas uno y dos pueden ser más fácilmente identificados y evaluados. Habiendo dicho esto, no estamos recomendando para evitar el control de las agencias acreditadoras, que tienden a concentrarse en los números y títulos, en lugar de un cambio real en la vida de los estudiantes.

En su lugar, utilizamos estas mediciones para servirnos de guía en la elaboración de un programa de entrenamiento que valga la pena.

➡ Personalmente gratificante

La escuela y las clases pueden desgastar a los profesores y estudiantes. Fuerte estrés en lo académico da poco margen para nutrir la vida espiritual. Cuando la tierra del jardín es comprimida, los sistemas de la raíz de la planta tienen un tiempo muy difícil para expandirse. Como resultado, hay poco crecimiento. Los estudiantes se refieren a que este problema existe incluso en el mejor de los seminarios.

Tanto profesores como alumnos están agobiados con las exigencias intelectuales del semestre de trabajo. Tienen muy poco tiempo para sus propias vidas espirituales. Lo opuesto debe ser cierto. Cuando el foco se puede encender el crecimiento genuino, acompañado por la estimulación intelectual, todo se vuelve más significativo y personalmente significativo.

➡ Empoderar y animando

Todo nuestro aprendizaje debe ser traído al principal, marco interpretativo de la vida. El estudiante no sólo necesita el conocimiento que está siendo dado a él sino para nutrir esa vida que proviene de Dios. Cuanto mejor un estudiante es capaz de relacionar lo que están aprendiendo con su vida interior, más se puede decir que realmente ha aprendido. El conocimiento de un curso no sólo es mejor comprendido, pero interiorizado, sabiendo cómo se relaciona con la vida y el ministerio. Si están incorporando los conceptos básicos de la vida simultáneamente con sus estudios intelectuales y prácticos, entonces pueden regularmente examinar que lugar soporta en lo que Dios está haciendo en sus propias vidas y las vidas de otros. Los cursos se vuelven cada vez más alineados con el propósito de Dios y de los medios. Esta intuición entusiasma y empodera.

➡ **Centrado en Dios y ayudado en Espíritu**

Existen muchos peligros que enfrentan los estudiantes, por tener teología, el estudio de Dios, reemplazando el conocimiento de Dios es el mayor escollo. Cuando damos la debida atención, sin embargo, por la gloria de Dios y propósito, entonces otras cosas pueden caer en su lugar. Sin este objetivo principal de una próspera vida con Dios, otros objetivos serán abrumadoramente controladores.

➡ **Fruto que perdura**

Nuestra sociedad necesita la transformación, pero estos cambios necesarios vienen a través de la intimidad que el pueblo de Dios tiene con Dios en lugar de los grados que han ganado. Cuando el tiempo adecuado y enfocarse en la transformación espiritual no son provistos , entonces el crecimiento interior es consumido y el fruto cae antes de que pueda desarrollarse plenamente.

Un examen cuidadoso

No estamos simplemente examinando lo que sucede a los estudiantes durante su entrenamiento en el seminario o Escuela bíblica, pero posteriormente. El enemigo está siempre activo, pero el entrenamiento adecuado puede ir en un largo camino para proteger al pueblo de Dios de sus trampas.

Jesús dijo que las buenas obras - Sus obras, se derivan de la comunión con Él (Juan 15:5). Haciendo hincapié en las habilidades, carácter y disciplinas espirituales que se necesitan, podemos integrar en mayor medida esta pasión y forma de vida en el estudiante, así como preparar mejor a él o ella para el mundo real.

Pablo resumió este cambio que necesitamos promover. "Pero el fruto del Espíritu es amor, gozo, paz, paciencia, benignidad, bondad, fe,mansedumbre, templanza. Contra tales cosas no hay ley." (Gálatas 5:22-23).

Aunque se utilizan distintas palabras, debemos ser cautelosos para centrarnos en la calidad de la fruta que buscamos. Buen fruto es característico de quienes viven en la presencia de Dios. Ellos son indeleblemente amarrados juntos.

Resumen

Un especial énfasis en el crecimiento espiritual, junto con su camino claro de desarrollo es necesario para conservar las perspectivas bíblicas durante los duros años de preparación para el ministerio.

Nuestros objetivos de este programa de transformación de vida deben buscar el mayor fruto que nace de las vidas de sus estudiantes. De lo contrario, esa vida será echada a perder más que implantada en la vida de los demás. En muchos casos, el cristianismo se ha convertido en sólo otra filosofía o religión, con algo para vivir pero nada para vivir. Volviendo al Núcleo de la Vida que nos trae de vuelta a Dios y Su poder generador de vida.

Lección

- Dios inicia su influencia positiva sobre nosotros porque nos desafía a centrarnos en Sus estándares y expectativas.

- Los valores encontrados en El Núcleo de la Vida son ricos y dignos de ser priorizados.

- Si bien podemos buscar estos elementos gratificantes personalmente, nada es más especial que para descubrir cómo el entrenamiento que es un medio por el cual Dios nos trae y a otros más cerca a Él.

Memorizar y Meditar

- Gálatas 5:22-23
- Salmo 18:1-2

Asignación

➡ ¿Tienes un objetivo en la vida? ¿Qué es? (Si no, escribir uno.) ¿Implica conocer a Dios en una forma más íntima y más profunda?

➡ ¿Cuáles son los principales objetivos y metas de la escuela o iglesia que está conectado? Lea detenidamente. ¿Cómo se comparan con los mayores objetivos de Dios? Explicar.

➡ Lea el Salmo 18 y observe cómo David fue profundamente impactado por la obra de Dios en su vida. Compartir dos instancias donde puede compartir Dios se ha convertido en 'mi fuerza", "mi escudo', o 'mi...".

#34
El Funcionamiento Interno

La gran importancia de integrar la transformación espiritual en nuestros horarios fijos sigue siendo una tarea formidable. En este capítulo, vamos a sugerir uno o varios modelos para ello.

Pablo resume sus objetivos como "aferrarnos a la palabra de vida", es decir, permitir que la Palabra de Cristo activamente energize y guíe todos nuestros pensamientos, decisiones y actitudes.

> Háganlo todo sin murmuraciones ni peleas, para que sean irreprensibles y sencillos, e intachables hijos de Dios en medio de una generación maligna y perversa, en medio de la cual ustedes resplandecen como luminares en el

mundo, 16 aferrados a la palabra de vida, para que en el día de Cristo yo pueda gloriarme de que no he corrido ni trabajado en vano (Filipenses 2:14-16).

Pablo regularmente reexaminaba sus pensamientos y acciones a la luz de la llamada de Dios en su vida. Las escuelas, iglesias, empresas cristianas y cristianos individualmente deben hacer lo mismo, aunque exteriormente estén conformados por sus propias formas, lenguaje, estilos y tiempo. Eso está muy bien. En el fondo, sin embargo, nada puede sustituir a la realidad de la senda de la vida de Dios, que diseño intencionado para alcanzar su pleno potencial y expresión en nuestras vidas y en nuestras instituciones.

Nuestra principal dificultad es saber cómo colocar correctamente este Núcleo de Vida en el corazón de nuestro entrenamiento. En el jardín, las plantas cuando se colocan demasiado cerca unos de otros ahogarán el crecimiento total. A fin de obtener el espacio necesario, debemos priorizar el espacio para que la planta individual pueda obtener la cantidad adecuada de luz y aire. Esto puede significar menos plantas. Esta prioridad de lugar se transforma en un mensaje a Dios y a los demás lo que nuestro propósito principal es, la calidad sobre la cantidad.

'No qué pero quién'

Debemos llegar al entendimiento de que el cambio que Dios ha iniciado de los individuos que se convierten en el aspecto central de nuestro entrenamiento. Sin este componente clave, el entrenamiento efectivo se queda corto.

Quizás no hemos tenido una forma de centrarnos en el cambio de la persona. Esperamos poder ofrecer dos posibles modelos aquí, aunque preferimos la primera, al menos en la etapa inicial.

Una vez más, estamos manteniendo una escuela cristiana en mente mientras hablamos aquí, pero sólo aplicar esto a su iglesia, organización o vida individual como sea necesario. Hay dos opciones:

(1) Mantener el entrenamiento de El Núcleo de la Vida como un programa de desarrollo independiente que corre a lo largo de un programa más general.

(2) Integrar el programa de transformación espiritual en un programa existente.

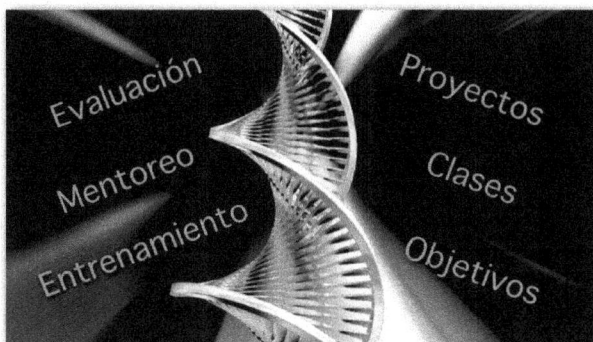

Cada uno tiene sus desafíos. Permítanme explicar la primera. Los otros serán más evidentes y discutidos brevemente como entendemos la primera. Esto dará una mejor claridad a qué podría *El Núcleo de la Vida* se parece en la iglesia y en otros lugares.

Keep separate with its own entity

Manteniendo el propio   Núcleo de la Vida que da a identificar es importante a fin de aclarar sus objetivos, una adecuada conexión con otro tipo de entrenamiento/cursos y asegurar su protección y su pleno desarrollo.

La forma espiral enfatiza el desarrollo y coordinación de los esfuerzos de desarrollo del plan de Dios para nuestras vidas espirituales. Es uno y el objetivo es uno, al igual que la vida es una sola. Todo (en su propio plan) está integrado. Esto hace comunicar nuestros propósitos mucho más claramente.

Cada curso o programa debe encajar en el objetivo del núcleo de la vida que es importante. Como se evalúa en diferentes actividades o clases, uno debe ser llevado de vuelta a sus propósitos principales.

Al mantener el enfoque espiritual independiente, ayuda a aclarar qué es lo que queremos ver, así como el aspecto que tendrá en cada nivel de desarrollo. Supongamos que estamos incorporando esto en una escuela de entrenamiento de tres años. Cada componente enumerado a continuación es crucial para una aplicación adecuada.

El objetivo final nunca podrá variar, aunque puede tener varias descripciones. Queremos ver el pleno desarrollo de cada creyente, de manera que, debido a su intimidad con Cristo, él o ella será un vehículo a través del cual Dios lleva a cabo plenamente las obras que se ha propuesto.

Muchos apenas podrían negar estos altos objetivos finales como algo que ellos están trabajando, teniendo en cuenta sus propios intereses y capacidades, pero es importante asegurar que este desarrollo está teniendo lugar. Acompañando la gran perspectiva con los objetivos de los tres niveles, tenemos alguna forma de asegurar a los demás y a nosotros mismos que la esperada transformación espiritual está teniendo lugar.

El punto de partida

Cada estudiante (o miembro si uno está pensando en una iglesia) está en un lugar determinado cuando él o ella comienza. A menudo hay pruebas de ingreso que evalúan el conocimiento bíblico de la persona y de su personalidad. Aunque estas tienen su lugar, necesitamos que se centren principalmente en el desarrollo espiritual. Mediante el uso de ciertos criterios en cada una de las tres etapas, podemos probar o sostener conversaciones para ayudar a que el estudiante comprenda dónde él o ella está crecido- sabio y donde hay oportunidades para un mayor crecimiento.

La madurez espiritual de una persona no es necesariamente el mismo bagaje intelectual. Jesús no critica a los fariseos por su falta de conocimiento intelectual. Tenían un enfoque aceptable hacia la Biblia (en comparación a los saduceos), sino porque la muerte espiritual y la dependencia de las apariencias, no veían correctamente y aplicar las escrituras a sus vidas.

Nuestro primer desafío es evaluar dónde se encuentra una persona; nuestra segunda es prever dónde él o ella se va a ir, y la tercera para ayudarle a llegar allí.

Identificando estos puntos de crecimiento tempranamente y manteniendo tales conversaciones con ellos, debemos ayudar al estudiante (o miembro de nuestra iglesia) que tome medidas en la dirección correcta.

La siembra de esas semillas de esperanza muestra, que esperamos que el estudiante pueda crecer no sólo en la Biblia o conocimientos generales, sino en su vida espiritual con Cristo. Nuestra fe para ellos comienza a dar forma a sus expectativas y enfoque.

Nuestro objetivo no es ofrecer un mapa genérico para cada creyente. Esta no es la manera que en la vida real funciona. Cada uno tiene un diferente punto de partida. Sin embargo, queremos ver el crecimiento en ciertas áreas. Estos factores comunes nos permiten enseñar estas verdades y comunicarlas a los demás.

Tal vez, algunos tienen problemas de control de ira. Tendrán diferentes circunstancias y desencadenadores que otros con un problema similar y, sin embargo, las soluciones serán similares. Para tomar el tiempo para discutir estas cosas con los estudiantes, comenzarán a concentrar sus mentes en esto como algo que debe y puede ser abordado.

La mentoría personal desempeñará un papel clave, pero las clases o seminarios especiales también pueden desempeñar una parte. Quizás, podemos mejorar el entrenamiento de los estudiantes más maduros espiritualmente para que ellos entrenen a jóvenes creyentes.

Las decisiones especiales tendrán que ser hechas con respecto a aquellos que no parecen realmente conocer al Señor. Esto lo hacemos en iglesias con entrevistas antes del bautismo. Las escuelas también sabiamente hacen de esta parte de su proceso evaluativo. La vida no está presente en el inconverso así que el crecimiento es imposible. Aunque con un creyente, los signos de la vida podrían ser difíciles de ver, la vida sigue presente y tenemos grandes esperanzas en su desarrollo si están abiertos a ella.

Clarificando nuestros objetivos con los estudiantes, éstos se excluyen a sí mismos si no pueden identificarse con los objetivos de las escuelas.

(Esto implica que debemos realizar nuestros objetivos y métodos claros y atractivos.) Por los estudiantes desinteresados que se autoexcluyen, somos capaces de construir un mayor enfoque unificado para la escuela (o iglesia).

Identificando objetivos específicos

Dependiendo de donde los estudiantes están en su camino espiritual, necesitamos trabajar cuidadosamente con ellos para ayudar a identificar sus próximos pasos de desarrollo espiritual.

Clases (nuevas o rediseñadas) pueden ayudar con algo de este entrenamiento. Sólo necesitamos asegurar a los estudiantes que piensen en sus vidas de esta manera. Esto es factible, dándoles 'proyectos de vida' o asignaciones de estudio desafiándolos a ver lo que la Biblia dice acerca de un determinado tema. Quizás algunas asignaciones no serán evaluadas pero serán necesarias para pasar de grado.

En cada nivel, el estudiante/discípulo está aprendiendo muchas cosas. Permítanme referirme brevemente a un área.

El desarrollo espiritual es de gran ayuda a través de la reflexión interior, una de las disciplinas espirituales. Las necesidades individuales para estar quietos y escuchar lo que Dios está diciendo (incluso cuando se está ocupado con el ministerio, familia o clases- o los tres en algunos casos!). En cada etapa de su desarrollo espiritual, esto toma en diferentes aspectos.

(1) El nuevo creyente está aprendiendo a escuchar su voz del Padre. El creyente comienza a ser consciente del Espíritu Santo trabajando a través de la conciencia y de lo contrario.

(2) El joven creyente aprende a discernir las palabras del Espíritu en contraste con las palabras del maligno. Este es el combate al acecho detrás de la tentación. Él o ella va a aprender a responder adecuadamente a las palabras de Dios y utilizarlos para proteger a él o a ella y pelear contra la tentación.

(3) El creyente maduro desarrolla aún más de lo que se ha dicho, sino que se centra en el enriquecimiento de tiempos de adoración, ser entrenado, guiado y protegido por Dios, todos pueden utilizarse para identificar formas que Dios quiere dar fruto a través de su vida.

Hay muchos aspectos de este desarrollo en tres partes, pero cuando un creyente avanza a través de cada uno, el crecimiento es una realidad.

Sintonización fina de esas metas y objetivos

La madurez mental y física grandemente da la forma de cuán rápido una persona puede crecer espiritualmente. Aquellos que están viendo a otros crecen alrededor de ellos y tienden a crecer más rápido.

Trabajando con las parejas que se casan es una tremenda oportunidad para sentar una buena base para su matrimonio. Este es también un momento excelente para capacitarlos sobre cómo instruir a otras nuevas parejas, que pueden añadirse al final de sus sesiones de entrenamiento si están interesados.

Así que, volvamos a nuestro ejemplo anterior. Nosotros podríamos enseñar a los novios para combinar el arte de escuchar a Dios con su interés en formar un gran matrimonio. Podemos ayudarles a aprender a escuchar a Dios y cómo ser un buen esposo o esposa.

O para los que son solteros, podemos ayudarles a aprender cómo es el proceso de encontrar la esposa o esposo correcto, o para comprender qué compromisos son necesarios para convertirse en uno. "De qué formas puede Dios ayudarme a prepararse para ser un buen marido?" o como una esposa potencial, ¿cuáles son los principios de una buena comunicación para el matrimonio? En general estamos entrenando a escuchar a Dios, para escuchar atentamente a Dios es una gran ayuda en el cumplimiento de su objetivo hacia un gran matrimonio.

Muchas de las cosas que aprendemos son dependientes de la vida; es decir, que aprendemos a través de nuestras experiencias de vida. Enseñar a una persona que no está casada cómo ser un buen esposo tendrá un valor limitado. Así que combinar nuestra meta de escuchar a Dios, junto con un área de interés puede inspirar más con la practicidad del asunto.

Maestros y mentores de Dios son críticamente necesarios; de lo contrario, estos estudiantes no obtendrán la fe que necesitan y lo que es peor, serán horriblemente contaminados. Si un maestro cree que las películas sucias y porno están bien para ver, entonces a continuación, el adulterio espiritual está en la toma, incluso si el maestro no es descarado. Los estudiantes no obtendrán la fe por la belleza de un gran matrimonio, sino aprender de la mentalidad del maestro de un matrimonio mundano.

Aquí están cómo estos principios podrían ser brevemente trabajados a través de este flujo de vida:

- El diseño de Dios es para crear individuos que aman escuchar a Dios. Ellos aprenden cómo hacer esto en cada área de sus vidas.

- Dios tiene la intención de crear hermosos matrimonios. Podemos mostrarles a ellos cómo disciplinas espirituales y su intimidad con Dios tiene todo que ver con tener un gran matrimonio.

Nos abstenemos de mera enseñanza como una perspectiva académica del matrimonio, sino infundir la visión de un hermoso, de Dios matrimonio. Tenemos el propósito de que los estudiantes, sin importar dónde estén en su propia vida, trabajen a través de estas cosas con el claro objetivo de conectar estas cosas con los grandes propósitos y poder de Dios.

Integración del Núcleo de la Vida

Pasaremos sólo un poco de tiempo a debatir sobre la integración del Núcleo de la Vida en el entrenamiento global de los estudiantes cristianos. Aunque se espera que esto ocurra eventualmente-como gran objetivo pueden penetrar más profundamente en cada aspecto de la organización, nuestra atención se centra más en compartir la visión más que las técnicas. Hemos insinuado en cómo esto podría funcionar en los casos particulares de la escucha de Dios y la preparación para el matrimonio, pero hay mucho más y mejor es reservarlo para otro momento.

Toma tiempo para inculcar la visión, lidiar con las consecuencias de esa visión en nuestras escuelas o iglesias, comprender los retos de adoptar los objetivos de Dios, convencer a otros de la necesidad de cambio y la aplicación efectiva de esa visión. No debemos tener prisa y, sin embargo, debe mantenerse como una prioridad, ya que buscamos los medios de Dios mediante estos conceptos en nuestros programas actuales y agenda. Muchas instituciones tienen planes rígidos que controlan los fondos y dirección para el control. Los cambios se vuelven aún más difíciles de hacer. Comenzamos donde podemos y seguimos avanzando por el liderazgo de Dios. Si tuviéramos más control, podríamos hacer más. Alguien dijo sabiamente que es más fácil para dar forma a un nuevo discípulo que remodelar un creyente mayor. Esto es tan cierto.

La predicación, comunicación, cursos de consejería y otras áreas de aprendizaje en el entorno educativo, pronto se convertirán en poderosos instrumentos cuando profesores y estudiantes saben cómo Dios usará los conceptos del Núcleo de la Vida a fin de que puedan enseñar y ser como Cristo. Cuando los estudiantes empiezan a ver el Espíritu de Dios trabajando en sus vidas y la de los demás a través de lo que están aprendiendo, ellos serán los más dispuestos a aprender.

La predicación va más allá del actual tiempo del sermón para incluir clases sobre cómo ser cambiado y lograr cambiar los corazones a través del sermón. Dios y la oración se convierten en una parte del entrenamiento. Ahora estamos preguntando:

- ¿Qué quiere Dios para predicar sobre mí?
- ¿Cómo puedo aprender de lo que Él quiere?

- ¿Cómo puedo realmente transmitir estas cosas con la fuerza de Su Espíritu?

- ¿Qué lugar tiene la oración en la predicación?

La historia de la iglesia será transformada desde simplemente observar que ha ocurrido a un análisis del por qué la iglesia quedó lisiada o fortalecida a través de determinados eventos. Este enfoque nos permite ver mejor cómo tener o no tener las verdades de Dios actuadas, afectada la iglesia en general y del pueblo en forma de corazón en las congregaciones individuales.

En lugar de simplemente estudiar la Reforma queremos entender el contexto en que vivimos ahora y cómo es similar o diferente. De esta manera seremos capaces de discernir lo que Dios quiere hacer y lo que está de nuestra parte.

Si el *Núcleo de la Vida* se vuelve completamente integrado con otra enseñanza, podría volver a perderse y finalmente enterrarse. Otras voces clamarían por atención, o tradiciones de hombres tomarían el relevo. Si se integra o posee un camino independiente en nuestra escuela, iglesia o familia, sin embargo, vamos a ser desafiados a ejercer estudios que apuntan al objetivo- de transformación. En los siguientes ejercicios daremos otra oportunidad para escribir sus metas principales.

Si el programa del *Núcleo de la Vida* es integrado con otros estudios o no, las clases necesitarán ser rediseñadas ligeramente para mantener el paso con el crecimiento personal de los estudiantes.

Este libro pretende sólo ser una introducción a cómo restaurar el entrenamiento de Dios en escuelas, casas e iglesias, primero por la introducción de la agenda de Dios y, a continuación, proporcionar diferentes escenarios donde Dios pueda llevar a tomar la iniciativa. Estamos lanzando la visión y están proporcionando algunos ejemplos para empujar a los maestros y estudiantes, pastores y miembros de la iglesia, a donde pueden y deben estar en Dios.

Las generaciones del pueblo de Dios han sido engañadas desde la intimidad y el poder de la verdad de Dios. Las cosas deben cambiar. Nuestro propósito es construir el Cuerpo de Cristo y ser una novia pura anticipando el regreso de Cristo. Estableciendo metas de Dios para nosotros, podemos entonces por fe, paso a paso, acercarnos más a ese objetivo.

Como podemos identificar el *Núcleo de la Vida* y de lo que parece en diferentes etapas de su desarrollo espiritual, entonces podemos aplicarlo a nuestra situación particular. Todo a la vez, nuestro potencial como creyentes vienen junto con los propósitos de Dios y el poder de nuestras vidas. Para esto es lo que hemos sido elegidos y diseñados. Vamos a afrontarlo y empezar a ver cómo Dios nos ayudará a llegar a la semejanza de Cristo aquí en la tierra.

Dos propuestas generales

Manteniendo el programa de entrenamiento del Núcleo de la Vida separado del plan de estudios principal, nos permite iniciar pequeño, utilizar menos recursos financieros, pasar lentamente en la visión, expandir como mentores de Dios y surgir (para asegurar el éxito), y hacer los cambios lentos en el currículo general para conectar más de cerca el corazón de entrenamiento de Dios.

Por ejemplo, aunque estoy plenamente involucrado en este ministerio de la escritura y el entrenamiento internacional, siempre estoy viendo fervorosamente donde yo podría encontrar unas pocas personas locales que necesitan ser mentoreadas. Si la iglesia que estoy implicado tiene un programa activo de discipulado o no, no importa (afortunadamente si). Encontrar a la gente adecuada y empezar el mentoreo. Es crítico que empecemos de donde estamos y aprender los principios del núcleo de la vida que se necesita para dar forma a lo que estamos haciendo. Siempre he intentado conseguir a otros maestros para co-enseñar clases de entrenamiento de adultos conmigo. Cada uno de nosotros, por turnos, enseñamos, pero antes de la enseñanza nos reunirnos y discutimos nuestras lecciones. Estos individuos más tarde empiezan en maestros con la misma visión y propósito. Tenemos un corazón no sólo para enseñar El Libro de Romanos, por ejemplo, pero para ver las verdades que transforman nuestras vidas.

Para hacer una integración completa *del Núcleo de la Vida* en nuestras instituciones ya establecidas es más consistente pero requiere liderazgo audaz y riesgos de oposición de quienes se sienten incómodos con trastornar el status quo. Junto con el desafío a los maestros y pastores, también estamos pidiendo una revolución de las expectativas de la gente de Dios para motivar lentos y aburridos líderes de todo el mundo para hacer cambios divinos.

¿Por qué debería dar un seminarista decenas de miles de dólares a una institución de enseñanza superior por un grado que no prepara adecuadamente a él o a ella? ¿Por qué debería un miembro asistir a una iglesia que carece de la visión y la fe de todos sus miembros a crecer en la imagen de Cristo?

Necesitamos la implementación de Dios- empoderada *del Núcleo de la Vida* en nuestros corazones, casas, iglesias e instituciones de capacitación para equipar a la iglesia más en vez de que que la creciente irrelevancia perdure en la iglesia. ¿Por qué no en lugar de ser los líderes audaces que insisten en la correcta implantación de la verdad de Dios en nuestras vidas?

Lección

- La integración de la transformación espiritual en las vidas de los estudiantes requerirán cambios significativos en la forma de las escuelas e iglesias que llevan a cabo su programa y enseñanza.

- Los propósitos de Dios como se ve en El Núcleo de la Vida debe ser el principal foco para estas iglesias y escuelas para ver el avivamiento, para prosperar y florecer.

- Usando *El Núcleo de la Vida* como una senda de transformación interior separada aparece ser mejor que los cambios a gran escala, totalmente integrados en el conjunto del programa. Comience de a poco. Disfrute del éxito. Ampliar el alcance.

Memorizar y Meditar

- Filipenses 2:14-16

Asignación

➡ ¿Alguna vez has evaluado espiritualmente una persona antes? ¿Cómo es eso? ¿Qué problemas tuvo usted la cara?

➡ Define *El Núcleo de la Vida*. ¿Está usted de acuerdo que este núcleo de vida debería ser el eje central de cualquier entrenamiento cristiano? Explicar.

➡ Evaluar los desafíos que usted podría tener haciendo el núcleo de la vida de Dios, el enfoque central de su escuela, iglesia, persona, etc.

#35
Desarrollo de Liderazgo

Liderazgo Cristiano

Divinidad

Las escuelas ministeriales serían sin decir duda que todas son sobre el desarrollo de buenos líderes en los campos particulares para que sus estudiantes estén siendo entrenados: pastores, misioneros, consejeros, administradores, maestros, etc. Pero, ¿lo son?

Pregunté a un pastor acerca del ministerio de entrenamiento de liderazgo de su iglesia. Sus líderes denominacionales se preguntaban por qué él no les enviaba a su seminario y clases de la escuela bíblica. Él simplemente afirmó que las escuelas no capacitan a su gente para el trabajo! Son esos entrenamientos en nuestras mejores escuelas realmente bien equipados con una fe fuerte para luchar contra la tentación, un desarrollo del amor por Dios, expertos en el uso de la Palabra de Dios como ellos compasivamente sirven a otros?

Este libro se ha centrado en cómo desarrollar el fundamento básico de líderes de Dios. Además de la necesidad de espacio adecuado para crecer, necesitan también la dirección específica, dependiendo del desarrollo espiritual del individuo. Sin embargo, este entrenamiento es fundamental y diseñado para todos los creyentes.

Sin el cultivo de la vida espiritual, una persona no puede ser un buen líder. "Porque separados de mí ustedes nada pueden hacer" (Juan 15:5). David, el rey tenía un pensamiento similar: "¡Bendito sea el Señor, el Dios de Israel! ¡Sólo el Señor hace maravillas!" (Salmo 72:18).

El crecimiento espiritual es la eliminación de aquellas cosas que nos mantienen alejados de Dios y cegados de la presencia gloriosa. En una definición positiva, el desarrollo espiritual está adoptando más los caminos de Dios cuando uno aumenta el tiempo y la intimidad con Dios.

El secularismo, materialismo y el tradicionalismo son tres fuerzas pronunciadas en nuestro mundo moderno que nos alejan de Cristo. La iglesia no necesita vivir en temor de ellos a menos que ella no esté adecuadamente vestida con la armadura de Dios.

Nuestros modelos de aprendizaje suelen traicionar nuestros verdaderos objetivos. Mientras que una orden bien informada de los hechos es importante, este objetivo necesita ser cuidadosamente colocado en y alrededor de los principios del Núcleo de la Vida, de manera que la información se complementa y no obstaculiza el desarrollo de la vida espiritual. La fe que se da de ganar batallas espirituales es lo que debe reforzar a un líder cristiano, no una insípida mezcla de autoestima y autoconfianza en sí mismo debido a la acumulación de información.

Muchos líderes cristianos y maestros, me temo, nunca han sido correctamente entrenados para vivir sus vidas y ministerios en torno a Cristo. Para ellos, es abstracto, más que una realidad. He trabajado con muchos líderes de todo el mundo. Cuando se presentan estas etapas de discipulado y entrenamiento, la mayoría de ellos me dicen que ellos no tienen ni siquiera la fase dos. Ellos todavía luchan en gran medida con diversos tipos de tentaciones.

Cuando un líder cae, él es muy susceptible a   pensamientos desalentadores   del mal. Todos podemos caer, pero si es común, entonces no hay fe para compartir con otros acerca de cómo pueden vivir una vida de superación. Fracaso, por lo tanto, reproduce más fracasos.

Permítanme compartir con ustedes algunas de las maneras que he encontrado sobre el típico entrenamiento cristiano que es inadecuado. Analizaremos la debilidad de los líderes que se deriva de la falta de desarrollo en las dos primeras fases de desarrollo espiritual.

Etapa # 1: El objetivo es desarrollar la confianza en Dios que proviene de estar seguro en Su amor.

Cuando los líderes nunca han descubierto el amor constante de Dios para sus vidas (supuesto a ser aprendido en la etapa 1), tienden a ser muy inseguros acerca de su propia salvación y sus opiniones del ministerio. Sin una verdadera comprensión de la cruz, el individuo siente que él debe esforzarse para obtener la aceptación de Dios a través de lo que él hace. El ritualismo, legalismo y el énfasis excesivo en las propias obras sustituyendo la adoración verdadera con la adoración de un ídolo.

Se pueden desarrollar otros problemas tales como la tendencia a buscar una cantidad desmesurada de atención de otras personas, una incapacidad para ir más allá de uno para enfocar correctamente en amar y servir a otros.

Etapa # 2: El objetivo es aprender a usar la palabra de Dios para vencer la tentación.

Sin un claro crecimiento de confianza desde la etapa #1, el creyente no puede fácilmente ir más allá de la etapa #2. La mayoría de experiencias de vida cristiana serán vividas en una esfera de fracaso.

El joven creyente tiene que tener mucha confianza en la Palabra de Dios, ¿verdad? ¿Pero qué sucede cuando él o ella descubren que no puede vencer la tentación? Tal creyente está convencido de que la palabra es irrelevante para ellos. Dios toma una posición secundaria en términos de cómo viven a diario y tratar de crecer espiritualmente.

Esta actitud pueda manchar sus conceptos generales del ministerio y la Palabra de Dios. En lugar de reproducir confianza en la Palabra de Dios, el mal insidiosamente inserta dudas en sus mentes que conduce a problemas más profundos:

(1) Permitir el pecado en sus vidas.

(2) Tolerar la vida religiosa más que el cultivo de la intimidad con Dios.

(3) Aceptación de conceptos inferiores de la Palabra de Dios.

(4) La creencia de que son necesarios especialistas para ayudar con las luchas espirituales más profundas porque no son capaces de manejarlos por su propia cuenta.

Entendiendo el auténtico ministerio

Si nuestro mayor ministerio viene de la intimidad con Cristo, entonces debemos admitir que cuando toleramos aspectos no divinos en nuestras vidas, no i6mporta cuánto nos peleamos con ellos, esta falta de intimidad con Dios va a comprometer nuestra eficacia. Nuestro ministerio, entonces, pasa a estar centrado en nuestra propia experiencia, habilidades y oportunidades en lugar de un ministerio mixto entre el Señor y nosotros.

Como es nuestra fe, es nuestro servicio.

Todo pecado de un ministro o de un maestro está destinado a convertirse en una de las principales debilidades que el maligno va a explotar, no sólo para destruir a esa persona sino debilitar a su ministerio.

Esto no es sino un breve vistazo a las razones por las que necesitamos líderes de Dios en lugar de aquellos que han sucumbido a sus deseos, se sienten atraídos por la idea del mundo de éxito, construyeron su propia imagen o tener almacenada la amargura en sus corazones. El glorioso Evangelio del amor no está en absoluto demostrado a través de sus vidas. No son capaces de crecer y la vida que en ellos se ve disminuida.

La iglesia y las escuelas de ministerio cristiano, deben darse cuenta de que los avances en el entrenamiento son necesarios para restaurar al pueblo de Dios a la posición gloriosa que Dios les ha llamado.

> Los entendidos resplandecerán como el resplandor del firmamento; y los que instruyen a muchos en la justicia serán como las estrellas por toda la eternidad (Dan 12:3).

Los líderes de Dios, por definición, deben provenir de la tercera fase de crecimiento cristiano. Aún pueden beneficiarse enormemente a través del entrenamiento, los conocimientos y habilidades desarrolladas, pero el carácter divino sigue siendo fundamental para el eficaz servicio cristiano para que estime el grado de intimidad con Dios.

Liderazgo de Dios

Uno interesante aspecto de esto es la voluntad de Dios para estar íntimamente involucrado en el proceso de entrenamiento de líderes. La misma vida que Él ha puesto en nuestros corazones se esfuerza por su evangelio ADN a crecer a la imagen de Cristo.

Note la forma en que Pablo ha descrito los diversos aspectos del liderazgo de Dios en un supervisor. Su vida debe estar completamente entrelazada con su posición de liderazgo.

> Ancianos irreprensibles, maridos de una sola mujer y con hijos creyentes, que no estén acusados de disolución ni de rebeldía. Porque es necesario que el obispo, como administrador de Dios, sea irreprensible, no soberbio ni iracundo, ni afecto al vino, ni pendenciero, ni codicioso de ganancias deshonestas, sino hospitalario, amante de lo bueno, sobrio, justo, santo, dueño de sí mismo, apegado a

la palabra fiel, tal y como ha sido enseñada, para que
también pueda exhortar con sana enseñanza y convencer a
los que contradicen (Tito 1:6-9).

Esto no es sólo una lista de cualidades que la sociedad considera
importantes en la cultura en ese lugar y tiempo. Mucho más se ha dicho.
La integridad con que vivimos nuestra vida personal a la luz de los
propósitos santos de Dios directamente influye en cómo influenciamos
y entrenamos a la gente.

Uno de nuestros libros, *El Hombre de Dios*, expande la idea de que
la verdadera divinidad proviene de estar cerca de Dios. Utilizamos diez
diferentes rasgos del carácter de Dios, mostrando cómo influyen en la
vida de un hombre.[10]

La confianza que deriva de la santa obra de Dios dentro de nosotros
produce una confianza que nos permite:

(1) A vivir cerca de Dios,

(2) A perseverar cuando se es probado

(3) A ministrar eficazmente la Palabra de Dios a los demás.

Sin esta confianza, es mejor que no ministremos. O mejor aún,
aprendemos como ganar esa confianza y seguir en nuestro ministerio.
Con el corazón y la fe correctos, las mejoras pueden tener lugar
rápidamente.

Dios quiere levantar líderes de Dios y disgusta nuestros intentos de
producir líderes sin este carácter divino. Desatamos el poder de Dios en
nuestro entrenamiento y la iglesia en general, buscando el desarrollo de
lo que es importante en un líder: un corazón que busca a Dios, ya sea a
través de nuestras vidas personales, ministerios o el entrenamiento de
otros.

Pero el Señor le dijo: «No te dejes llevar por su apariencia
ni por su estatura, porque éste no es mi elegido. Yo soy el
Señor, y veo más allá de lo que el hombre ve. El hombre

---

[10] El Hombre de Dios: Cuando Dios Toca la Vida de un Hombre por Paul J.
Bucknell. http://www.foundationsforfreedom.net/Help/Store/Intros/
Godly_Man_intro.html

mira lo que está delante de sus ojos, pero yo miro el corazón (1 Samuel 16:7).

Si nuestras iglesias y escuelas podrían asegurarse de que este entrenamiento básico fuese inculcado en su pueblo, ciertamente la Palabra de Dios crecería muchísimo en nuestro medio de líderes de Dios que permitan que el Espíritu de Dios se mueva poderosamente en medio de Su pueblo.

Lección

- Debemos ser impacientes y no tolerantes de los esquemas de entrenamiento que no insisten en la transformación de la vida que es tan necesaria para liderazgo de Dios y entrenamiento.

- Nuestras normas deben incluir la vida de Dios, de lo contrario la norma aceptable se convierte en repugnante a los ojos de Dios y todo el mundo sufre.

- Dios tiene una manera especial de restaurar a todos los creyentes y llevarlos a vivir de Dios de manera que puedan ser elegibles para el liderazgo de Dios.

Memorizar y Meditar

- Tito 1:5-9

Asignación

➡ ¿Eres un líder cristiano? ¿Eres de Dios? Explicar.

➡ ¿Sabe usted de líderes impíos en cualquier iglesia, escuela cristiana o ministerio? En ese caso, identifique algunos de los problemas que surjan.

➡ Si usted asistió a una escuela del ministerio, entrenaron la actitud del corazón y conducta? ¿Era voluntario? ¿Cómo funcionó? ¿Cómo podría mejorarse?

#36
Entrenamiento en Iglesias

Desarrollo Espiritual en la Iglesia

La iglesia local e incluso denominaciones enteras necesitan centrarse en el entrenamiento de sus líderes porque los dirigentes dan forma a la iglesia. Como los pastores viven y predican, así que el pueblo de Dios va.

Los libros de los Jueces y de los Reyes nos dan un montón de ejemplos que retratan diferentes tipos de líderes. Valientes líderes como Gedeón y el Rey David son contrastados con malos dirigentes como Sansón y el rey Acab con su esposa Jezabel. Existen diferencias de títulos y expectativas entre estos jueces y reyes del pasado, con los pastores, maestros y ancianos de hoy en día -Los líderes del pueblo de Dios de hoy, pero la influencia de los dirigentes sobre el pueblo de Dios no puede ser negado.

Ninguna iglesia local debe esperar para ir más allá de donde su pastor está espiritualmente. Lo mismo ocurre con una familia o en la escuela. ¿No es esto lo que Jesús quiso decir diciendo,

"El discípulo no es más que su maestro, ni el siervo más que su señor?" (Mateo 10:24)

Hay grandes fuerzas que contrarrestan la fe bíblica que produce lo que vemos como una tendencia "natural" hacia la deriva en la incredulidad y menos la integridad. Las civilizaciones, asimismo, tienden a ir de fuertes o débiles.

El Espíritu de Dios está presente y trabajando activamente, pero cuando los líderes toleran compromiso en sus vidas, el Espíritu está impedido de trabajar. El pueblo de Dios comienza a imitar o, al menos, tolera las actitudes del pastor hacia la mundanalidad, pretensión religiosa e inmoralidad.

El Señor no está obligado a trabajar sólo a través de los líderes, pero estos líderes tienen una gran influencia en la salud espiritual de la iglesia. El mejor lugar para formarlos es en las iglesias primero y, a continuación, los seminarios.

Pero, ¿y si tienen un pastor que está interesado en desarrollar espiritualmente al pueblo de Dios? ¿Cómo funciona esto en la congregación? Los pastores me dicen, "He intentado este o aquel método, pero no saben qué hacer a continuación",

Un mapa proporciona información instantánea

¿Dónde estoy yendo?

¿Dónde estoy?

El mayor problema que afronta este tipo de iglesias es que no hay ningún mapa global. Sus objetivos generales son buenos

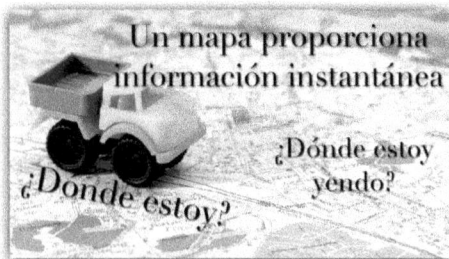

242

dignos de ser perseguidos, pero no tienen manera de traer al pueblo de Dios a ese punto.

Un mapa espiritual es importante!

Ven una cierta necesidad de aquí para allá y hacen su mejor esfuerzo para abordarlo, pero más a menudo que no, estos esfuerzos sirven más como un parche que una solución. Son temporales y ponen de manifiesto que las cuestiones subyacentes son más profundas que los primeros o segundos problemas vistos fácilmente. them is in the churches first, and then the seminaries.

La mayor obra de Dios

Sin abrazar la mayor obra de Dios, nosotros a menudo nos centramos en los parches en lugar de grandes reparaciones. Dios tiene una gran meta para la iglesia aquí en la tierra. La iglesia local es un vivo y dinámico grupo de personas a través de la cual Dios quiere trabajar mucho y mostrar Su gloria.

> Y están edificados sobre el fundamento de los apóstoles y profetas, cuya principal piedra angular es Jesucristo mismo. En Cristo, todo el edificio, bien coordinado, va creciendo para llegar a ser un templo santo en el Señor; en Cristo, también ustedes son edificados en unión con él, para que allí habite Dios en el Espíritu(Efesios 2:20-22).

En el siguiente capítulo vamos a resaltar la diferencia que El Núcleo de la Vida puede hacer en una institución de entrenamiento cristiana. Mucho de lo que se aplica a la escena de la iglesia local es aplicable a otras instituciones de entrenamiento cristianos.

La iglesia, sin embargo, es característica de las instituciones de entrenamiento de varias maneras. La Iglesia no sólo meramente capacita al pueblo de Dios, es el pueblo de Dios. Organizativamente hablando, hay todavía otras diferencias. Por ejemplo, los trabajadores en gran medida no son pagados; son voluntarios. Los miembros de la iglesia suelen permanecer en una iglesia local más que en una escuela donde pudieran asistir por varios años.

Por último, los maestros de la iglesia generalmente tienen menos contacto frecuente que en un seminario o colegio bíblico. Por ejemplo, aunque un profesor sólo podría tener una clase por semana con el estudiante, él o ella puede requerir la lectura de los libros y la escritura de documentos a lo largo de la semana. Un Pastor o maestro de clase de escuela dominical puede rara vez conseguir lejos con esto!

Permítaseme examinar estas diferencias una por una.

Un contacto prolongado y tutoría personal

El tiempo es un factor crucial. Los beneficios de la iglesia son vistos en la manera en que nos permite tener una mayor participación en la vida de los individuos. Por otra parte, demasiado tiempo puede hacernos perder la concentración. Nada parece urgente--excepto el caso de consejería en crisis. La iglesia, clase o programa de asistencia se confunde a menudo con el desarrollo espiritual.

Las escuelas se centran en lo que tiene que suceder semestre por semestre. La iglesia, por otra parte, tiende a asumir todo saldrá bien si la gente simplemente asiste al servicio fielmente y a clases de escuela dominical. Hay poco sentido de propósito excepto para continuar en asistir y dar.

El Núcleo de la Vida nos ayuda a trazar un gráfico de desarrollo de la vida, junto con la oportunidad de servir y dar frutos. Como líderes de la iglesia como pastores amables, reunirse individualmente con cada uno de los miembros y ayudarles a discernir en que nivel de discipulado están, también pueden identificar donde su fundación podría estar un poco inestable. Las relaciones personales y el tiempo que pasamos juntos nos permite mentorear a estos individuos sin alterar los plazos de clase acerca de lo que en el siguiente punto de la agenda trata.

En una iglesia, incluso en el caso de que una persona se case, él o ella estará de regreso después de la luna de miel; el entrenamiento puede continuar a su regreso. (o incluso mejor, podemos entrenarlos para un buen matrimonio!) El tiempo está de nuestro lado.

Los líderes de la iglesia pueden tener discusiones útiles identificando maneras para desarrollar estos cimientos débiles y mover estas personas adelante en su desarrollo espiritual, con el objetivo de eventualmente servir eficazmente a otros.

A diferencia de un profesor, el pastor rara vez tiene oportunidad de enseñar en un plano teológico más profundo. Porque el tiempo es limitado, cada hora cuenta. La fuerza de la iglesia es su capacidad para poderosamente proclamar la Palabra de Dios y crear un nicho para que la Palabra de Dios se arraigue. La Biblia lo permite, si no exige que mantengamos centrada en los temas principales de la salvación, la santificación y la divulgación.

Sin embargo, un problema que puede y ocurre cuando las personas en sí no están creciendo. Una iglesia con una clara visión podría aumentar la motivación, pero no necesariamente el crecimiento y madurez espiritual. ¿Qué es esta apatía que hace que el pueblo de Dios no pueda responder a la buena predicación y enseñanza?

Hay muchos factores contribuyentes, incluyendo nuestro propio pecado! Juan en Apocalipsis 2-3 identifica muchas de estas áreas que causan tibieza, pero también vemos a John una y otra vez que apunta a la restauración.

En cada una de las direcciones a las siete iglesias Juan comienza refiriéndose al lugar correcto de Jesús en la iglesia, cada uno siendo pertinente de la necesidad a la mano. Para Esmirna, Jesús es el resucitado. El temor a la muerte no debe retener a la iglesia (Apocalipsis 2, 8-11); de Pérgamo, la espada aguda de doble filo asegura de un juicio seguro de maldad en la iglesia (Apocalipsis 2, 12-17), y así sucesivamente. La restauración traerá siempre nuestro enfoque al lugar glorioso de Cristo Jesús que ha hecho en nuestras vidas.

La restauración es la reconexión de los planes de vida de una persona de volver a concentrarse en el centro de la vida, el Señor. Como el creyente adquiere un mejor tacto de la dirección desde el mapa espiritual (es decir, tres niveles de discipulado), su afán de crecer es muchas veces restaurado. Cuando el objetivo general se combina con las tareas especiales que el mentor proporciona, adquieren un sentido de confianza que pueden alcanzar ese objetivo y están más dispuestos a participar.

El pastor debe ser fácilmente capaz de desarrollar una visión global de lo que Dios está haciendo en la vida del rebaño de Dios. Si esto se combina con un programa de tutoría cuidadosamente elaborado, el pueblo de Dios aumentará en la emoción, y no principalmente de la iglesia, sino de su Señor y su trabajo en ellos.

Menos motivados

El pueblo de Dios no puede ser hecho para ir a clase. Ellos no han aportado decenas de miles de dólares, de manera que obtendrán un grado. Si el entrenamiento de la iglesia se lleva a cabo adecuadamente, sin embargo, la gente va a ver personalmente a Dios en la transformación de sus vidas y responderá en el deleite y culto. La gente ya no "tiene" que estar allí pero desear estar allí. Otros son motivados a asistir por aquellos que están entusiasmados con lo que Dios está haciendo en sus vidas.

Esta es la imagen de la iglesia de Dios, que habita en medio de su pueblo. El entrenamiento personal debe tener lugar junto con la predicación y la enseñanza pública si Dios es vivir en medio de ellos. Cuando se tolera la falta de santidad personal y de crecimiento espiritual, entonces estamos en realidad ya acogiendo a Dios y su trabajo en nuestro medio. "En Cristo, también ustedes son edificados en unión con él, para que allí habite Dios en el Espíritu" (Efesios 2, 22).

La iglesia local es un gran lugar para entrenamiento y no debe temer que no puede competir con el seminario. Si puede hacer correctamente su trabajo! La razón por la cual muchos van al seminario es encontrar este propósito y la consejería que no podían encontrar en su iglesia local.

Esta tendencia a tomar más cursos fuera de la iglesia, es bueno en algunos aspectos y, sin embargo, me pregunto si también no revela la falta de una adecuada capacitación y oportunidades de servicio en la iglesia. Cuando los pastores están creciendo continuamente en su amor espiritual por el Señor y otros, es contagioso. La gente hará lo mismo; ellos estarán ansiosos de crecer y servir a otros más.

La iglesia debe ser mucho más diligentes en ayudar a los creyentes a crecer fuertes y no debe esperar que suceda "naturalmente".

Lección

- La iglesia tiene una gran oportunidad y la obligación de aclarar donde cada creyente está en su crecimiento espiritual, cómo trabajar a través de los problemas y llevar a él o a ella en servicio fructífero.

- El pueblo de Dios está muy interesado en conocer la voluntad de Dios para sus vidas y cómo se va a implementar. Abordar estas cuestiones en un contexto bíblico y el pueblo de Dios se comprometa.

- Dios grandemente quiere construir al pueblo de Dios como su santo templo. Él está buscando aquellos líderes que trabajen junto con él para dar gloria a Dios mediante la presentación de personas de Dios dispuestas a servirlo. Ayudando a los individuos crecer, la Iglesia hace la mayor contribución al desarrollo de líderes fuertes para ellos y otras iglesias.

Memorizar y Meditar

- Efesios 2:21-22

Asignación

➡ Describa la iglesia que ahora asiste a la luz de lo señalado anteriormente. Esta la gente emocionada acerca del crecimiento? ¿Por qué o por qué no?

➡ ¿Los líderes de la iglesia mentorean a los miembros de tal manera que sepan dónde se encuentran en su crecimiento espiritual y cómo alcanzar el siguiente paso?

➡ ¿Están las personas madurando y, naturalmente, sirviendo a los demás? ¿Qué porcentaje de la población participa en el cuidado y la edificación de la iglesia (incluyendo la administración y las operaciones de la instalación)?

#37
La Integración en las Escuelas de Entrenamiento

En este capítulo nos centraremos en cómo el entrenamiento cristiano en las escuelas se colegia, así como escuelas de entrenamiento ministerial pueden beneficiarse de mantener esta fuente de vida en mente. Las escuelas son un entorno más regulado que las iglesias. Los cursos deben encajar en un currículo general.

Sin embargo, si el propósito de uno es construir sólido y seguro, las vidas espirituales, el entrenamiento de la vida en el nivel básico debe tener lugar. Estos bloques de construcción esenciales para la vida están conectados a cualquier otro ámbito del entrenamiento. Permítaseme dar un ejemplo.

Una joven pareja, junto con sus dos hijos, llegaron a pastorear una congregación. Ellos recién se habían graduado de un seminario y parecían un maravilloso encaje. Salientes y deseosos de participar en esta nueva situación de pastorear. Varios años más tarde, sin embargo, se descubrió que había conflictos matrimoniales. Ellos no pudieron llevarse bien uno con el otro. Esta tensión también se manifestaba en el esposo algo arrogante en la forma de liderazgo. El triste final es bastante previsible. Sólo más tarde, descubrimos que estos problemas matrimoniales estaban en curso incluso durante el entrenamiento en el seminario.

Aunque el seminario ofreció un buen entrenamiento, su pobre matrimonio significaba que la fundación para un ministerio no estaba allí. Estos tipos de problemas están aumentando en todo el tiempo que el número de familias disfuncionales crece.

Volviendo a nuestros objetivos

El hombre graduado del seminario pero, sin embargo, su vida estaba en ruinas. ¿Cuál es el objetivo de los seminarios o de aquellas escuelas preparando personas para el ministerio? ¿Deben graduarse quienes tienen luchas personales o maritales? Para algunos, estas preguntas son ridículas. ¿Cómo no van a graduarse?

Las iglesias asumen aquellos que se gradúan de estos seminarios han crecido en madurez porque pasaron sus cursos asignados. Y sin embargo, las escuelas no están proporcionando el carácter y el entrenamiento de madurez espiritual que estos individuos necesitan. Esto es precisamente la razón porque la mera transmisión de conocimientos es insuficiente para alcanzar el objetivo de la madurez espiritual.

Debemos someter las metodologías de enseñanza de nuestras escuelas para el propósito mayor del Señor para refinar nuestro entrenamiento. Si el objetivo es preparar a las personas para el ministerio, entonces debemos modelar adecuadamente para ese ministerio. El entrenamiento debe ir más allá de ofrecer el conocimiento a la forma decidida de sus actitudes y el compromiso para servir.

Pocos podrán desafiar esta necesidad, ya que es fundamental para el Evangelio. Estamos para amar los unos a los otros. Nuestras vidas son agarradas por Dios para llevar a cabo sus propósitos de pasar cuidado genuino a otros.

> Les hablo así, hermanos, porque ustedes han sido llamados
> a ser libres; pero no se valgan de esa libertad para dar rienda
> suelta a sus pasiones. Más bien sírvanse unos a otros con
> amor. (Gálatas 5:13)

Aunque queremos lo mejor, es fácil ser cínico cuando, año tras año, estos objetivos no se han cumplido; la necesidad se convierte en un problema extraordinario si su iglesia recibe uno de estos pastores desprovistos.

Una mejor forma

El Núcleo de la Vida (junto con los procesos de analogía de la vida) aclara cómo afrontar estos desafíos. Usando los objetivos de la vida de Dios para conformar los objetivos del núcleo central para el entrenamiento, una escuela puede obtener un marco totalmente integrado que está diseñado para hacer crecer a la persona entera, tanto intelectualmente como espiritualmente. Inherente a esta propuesta detallada está la capacidad para observar diferentes segmentos de crecimiento, los objetivos y los procesos que ocurren durante determinados períodos de desarrollo espiritual. Este enfoque permite a los instructores crear cursos, oportunidades de capacitación y proyectos especializados para ayudar en el desarrollo de sus estudiantes.

Sugerencias sobre cómo hacer que El Núcleo de la Vida sea el foco central del entrenamiento vendrá más adelante en otro capítulo. Aquí, sin embargo, vamos a ver lo que esta perspectiva integral puede hacer para el coordinador, el maestro y el estudiante.

Las escuelas cristianas frecuentemente seleccionan elementos enumerados debajo, pero si no están bien coordinados, o forman sólo partes del todo, ellos no experimentarían el poder total de Dios que quiere traer a la escena. Para mayor claridad, hemos analizado esto desde tres puntos de vista: el principal (coordinador), el profesor y el estudiante.

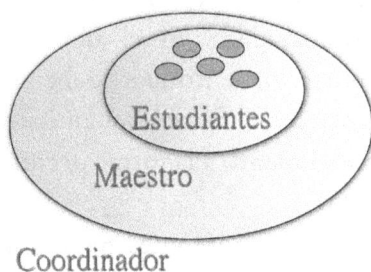

Responsabilidades del Coordinador (p. ej. Comité de Planificación o Principal)

- Asegurar un núcleo unificado que integra todo el entrenamiento.

- Proporciona la confianza de que el entrenamiento está alcanzando a los corazones de los estudiantes.

- Se centra en el logro de los propósitos de Dios para la gloria de Dios.

- Apunta a un objetivo que todos pueden identificar con, la administración, el maestro profesor y el estudiante.

- Reconoce abiertamente que todo el mundo está en la misma página de crecimiento, incluyendo los maestros, la administración y los estudiantes.

- Afirma claramente que el objetivo de Dios de servir es mejor y necesario.

- Proporciona transparencia con los partidarios de la escuela.

- Aumento de la conciencia de parte del Espíritu y la finalidad en el entrenamiento.

- Clarificar el proceso de evaluación para cada curso y experiencia en entrenamiento.
- Integra la vida espiritual con curso de entrenamiento.

Responsabilidades del Maestro y del Entrenador

- Tomar cada curso y ver su lugar dentro del conjunto.
- Discutir abiertamente sobre la manera de conectar los cursos al desarrollo y servicio espiritual de los estudiantes.
- Encontrar un mayor significado y emoción en la enseñanza académica.
- Procurar la participación de Dios en el curso en su conjunto, así como para cada clase.
- Recibir aliento viendo cómo Dios está usando a él o a ella a equipar adecuadamente a otros.
- Mantener a Dios como parte del proceso de enseñanza.
- Abrazar el objetivo superior de Dios y buscar a Dios para alcanzar estas metas.
- Buscar la sabiduría especial de Dios para enseñar adecuadamente a los estudiantes.
- Comunicar esta visión a los estudiantes.
- Revelar el poder de la verdad de Dios como él equipa a los estudiantes cuando enfrentan increíbles problemas personales.
- Confiadamente apuntar a los estudiantes a confiar en Dios para encontrar soluciones en lugar de aquellos que están fuera de la iglesia.
- Creer que los estudiantes están siendo atendidos personalmente, así como intelectualmente.

Responsabilidades del Estudiante

- Comprender la preparación global de Dios para su vida así como para llevar a cabo Su propósito.

- Reconocer cómo esta capacitación formal está relacionada con el propósito de Dios en su vida y en su ministerio.
- Ver cómo la capacitación posterior permite a él o ella lograr mayores objetivos de Dios en y a través de su vida.
- Evaluar dónde él o ella está en su camino de vida espiritual.
- Ser movido hacia un mayor crecimiento y, por tanto, disminuir la tentación de orgullo.
- Se alentado por el crecimiento del pasado.
- Regularmente recordar a él o ella que el entrenamiento está integrado con su vida entera.
- Sentir el cuidado personal de Dios para toda su vida.
- Obtener una imagen integrada de cómo el entrenamiento de aptitudes y conocimientos está conectado a su fundamento espiritual.
- Ser enriquecidos para descubrir soluciones para las actuales luchas personales no resueltas.
- ¡Estar libre de pecado! Crecer en la fe.
- Enfocarse en el servicio.
- Superar el desaliento de los fracasos del pasado.
- Aprender a capacitar a otros, sin importar su etapa de desarrollo espiritual.

Esta es una situación de ganar-ganar para todos como estos objetivos permiten a los estudiantes en mayor conformidad con el propósito general de Dios para la Iglesia, para que, así como la Iglesia llega a ser más como Cristo, Su gloria resplandece más brillante y más aquí en la tierra.

Un Currículo Separado

Por tener un separado desarrollo del núcleo de vida adicional al currículo regular, estas cosas podrían tratarse mejor en un camino que guía al estudiante a beneficiarse con sus experiencias. Cualquier estudiante que va al ministerio no sólo será probado personalmente pero también querrá ser usado para ayudar a otros a recuperar su pasión, más profundamente comprometer sus vidas al Señor y a estimular a los creyentes dentro de aún más el crecimiento.

Habrá dificultades que surgen en las escuelas. ¿Cómo se entrecruza El Núcleo de la Vida con el plan de estudios ordinario? ¿Qué sucede si encontramos a esas personas que no están dispuestas a crecer? O ¿qué podemos decir de aquellos que se enfrentan a problemas muy difíciles?

Este no es el lugar para trabajar a través de todos los detalles. Al final, una escuela o iglesia debe mantener en la vida mayor objetivos en mente mientras lleva a cabo sus servicios. Si, sin embargo, nuestros servicios no están llegando a nuestras metas, entonces necesitamos repensar fervorosamente a través del proceso.

Lección

- Los coordinadores ganan mayor confianza para integrar el entrenamiento necesario para brindar una auténtica preparación para el ministerio.
- Los maestros encuentran un mayor significado en la enseñanza por seguir descubriendo cómo su entrenamiento es parte del desarrollo completo del estudiante.
- Los estudiantes aprenden a superar el pecado y entrenar a otros a crecer en Cristo, sin importa dónde estén en su desarrollo espiritual.

Memorizar y Meditar

- Gálatas 5:13

Asignación

➡ Declare sus experiencias pasadas o actuales como estudiante; cuál es su nivel de crecimiento espiritual? ¿Cree usted que el entrenamiento, secular o de lo contrario, le haya ayudado a servir a otros en la totalidad del poder del Espíritu Santo? Explicar.

➡ Has entrenado o enseñado a otros? Encontraste problemas con la integración de un sujeto con las necesidades espirituales del estudiante o de los objetivos de vida de Dios para ellos? Explicar.

➡ Cómo resume Pablo el propósito de su vida en Hechos 27:23? ¿Por qué son cada uno de estos elementos tan importantes para vivir nuestras vidas al máximo?

➡ "Lo sé porque esta noche ha estado conmigo el ángel del Dios, a quien sirvo y pertenezco" (Hechos 27:23).

➡ Si tú eres un profesor universitario cristiano o administrador, ¿le parece que su escuela abraza esta vida de propósito central? Explicar. ¿Qué dificultades podrían surgir si sigue aplicándose?

#38
Entrenamiento Cristiano en las Escuelas K-12

Las escuelas cristianas entrenan a muchos niños. Más de uno y cuarto de millón anualmente asisten a escuelas protestantes estadounidenses. Si bien la educación secular está obteniendo más laicos, inmorales y actos vulgares en sus actividades, un número creciente de padres están volviendo a las escuelas cristianas y escuelas hogares de refugio. Que daños de la secularización está trayendo a nuestros hijos! Este es uno de los resultados de idolatrar conocimientos sobre carácter y relación con Dios.

El entrenamiento provisto en las escuelas cristianas es valiosa, especialmente considerando las horas que tienen con los niños, pero no olvidemos que la visión y el lugar de la mentoría debe hacerse principalmente en la iglesia y en la familia. Sin embargo, casi ninguna de las iglesias está discipulando a su pueblo. Las familias pueden utilizar siempre un buen apoyo. (Se podría trabajar con otras familias que están modelando este tipo de entrenamiento para lograr esto).

Las escuelas cristianas pueden utilizar estas herramientas de conceptos y entrenamiento de discipulado? Absolutamente. La parte más importante está comenzando con los mentores correctos. Una vez que hemos identificado la forma principal de trabajo de Dios, seríamos tontos de no promover activamente Su programa. Sólo porque algunos podrían descuidar sus responsabilidades, esto no significa que debemos permanecer a su lado y dejarlos perecer. Esto se ha convertido en una oportunidad para lograr un régimen de entrenamiento más completo.

Transformar no meramente educar

Piense sobre los deseos de Dios para estas escuelas y niños:

- Los niños quieren celosamente buscar el propósito de Dios para sus vidas.

- Los niños que están motivados por el amor de Dios para los demás.

- Niños que están convencidos de los caminos de Dios y propósitos son aún mayores que el que tan poderosamente atrae a ellos a este mundo.

El mundo sólo puede parecer poderoso cuando el poder de la Palabra de Dios parece irrelevante. El mejor armamento es desnudar los propósitos gloriosos de Dios y poder a Su pueblo.

Para que por su Espíritu, y conforme a las riquezas de su gloria, los fortalezca interiormente con poder; para que por la fe Cristo habite en sus corazones, y para que, arraigados y cimentados en amor, sean ustedes plenamente capaces de comprender, con todos los santos, cuál es la anchura, la longitud, la profundidad y la altura del amor de Cristo; en fin, que conozcan ese amor, que excede a todo conocimiento, para que sean llenos de toda la plenitud de Dios (Efesios 3:16-19).

Los objetivos de Dios nos permiten ser honestos en nuestros objetivos, claros en nuestro enfoque y creativos en nuestra metodología. A menudo surgen problemas al instituir los cambios. Para esto es que los que los líderes están hechos!

Mire cuidadosamente los objetivos de la escuela. Están siendo cumplidos? Realizar un recuento de las deficiencias. Esta lista puede utilizarse para fortificar las razones para solicitar o aplicar cambios. Las escuelas no deberían ignorar, o incluso peor, despreciar las iglesias y los padres que buscan un carácter más centrado en la educación para sus hijos, sino que deben considerarlos como socios asistiendo a la escuela para lograr sus metas.

Hay ciertas precauciones, sin embargo. El mayor problema es trabajar con los infieles. Mientras toda la Iglesia confiesa la creencia, muchos estudiantes no. Mientras Dios quiere y demanda la santidad en cada maestro y niño, no cada uno tiene el Espíritu Santo en su trabajo o en su vida. Muchos no tienen corazón por las cosas de Dios, simplemente desean que las ventajas relativas de un colegio cristiano a través de una escuela secular.

¡Añadiendo el toque justo!

Las confesiones de fe superficial no son un sustituto para la regeneración genuina de un Espíritu-trabajado. Ningún interés indica la falta de la obra de Dios en sus corazones. Tampoco debemos pretender que todos los estudiantes son los "hijos de Dios". Estos niños necesitan ser salvos primero antes de que Dios pueda trabajar dinámicamente en sus vidas.

El mismo problema existe en el hogar. Mientras esperamos y oramos para que todos nuestros niños conozcan al Señor, no todos lo hacen. Seguimos entrenando, sin embargo, con la esperanza de que vengan a conocer al Señor. Sin Jesús, sin embargo, no hay vida espiritual y por lo tanto no hay crecimiento espiritual. En casa, podemos adoptar diferentes estilos de entrenamiento, teniendo en cuenta estas cuestiones. Con las escuelas, es más difícil.

Quizás, un mejor enfoque es tratar este entrenamiento, o partes de este, como optativo y no obligatorio para todos los niños. Centrarse en proporcionar mentoreo a quienes estén interesados, padre o hijo.

La escuela tiene un montón de ventajas con el tiempo y la continuidad de la relación. Además, a menudo los estudiantes tienen tiempo extra (debido a que la escuela proporciona "una jornada extendida de cuidado", por ejemplo) para centrarse en estas importantes áreas de desarrollo.

Encontrar mentores calificados

Problemas presupuestarios siempre existirán, pero el mayor problema es la dotación de personal de mentores calificados. Hay pocas personas que estén debidamente capacitadas o lo suficientemente maduras como para llevar a cabo estos servicios de orientación. Tengo la sensación, sin embargo, con algún buen entrenamiento, hay muchos que estarían encantados de ayudar a los estudiantes a prosperar espiritualmente.

Si la escuela está estrechamente asociada a una iglesia, que suele ser el caso, la iglesia podría desafiar y equipar a algunos de sus propios miembros para ayudar en esta área, ya sea por el voluntariado o recibir un pago. Los niños, una vez capacitados, pueden servir de mentores a otros niños en algunas formas básicas. Estar abierto a cómo Dios puede trabajar de manera sorprendente a través de las vidas de los niños.

Una capacitación eficaz en las escuelas

Si los dirigentes calificados pueden obtener la visión y las herramientas de entrenamiento de niños, entonces se proporciona el marco para un buen programa de entrenamiento. El curriculum selectivo y estudios bíblicos complementarios con el mentoreado individual proporcionan el mejor entorno para el desarrollo espiritual.

Sea cauteloso con respecto al uso de gráficos que supuestamente miden el desarrollo espiritual de los niños. Por ejemplo, el intervalo de tiempo en el que un adulto ordinario creyente puede crecer es a menudo mucho más rápido que un niño. Las necesidades de un nuevo creyente de tres a cuatro meses, habitualmente puede expandirse en niños de tres a cuatro años, dependiendo de la edad y situación. Un curriculum debe ajustarse con estos hechos en mente. Varios gráficos diferentes pueden necesitarse para ser utilizados en situaciones especiales para mantener a todo el mundo centrado con precisión en los objetivos de Dios en los niños.

La escuela sería sabia para hacer participar a sus jóvenes en formas especiales como sus mentes comienzan a madurar y a medida que se mueven a través de la pubertad. Habrá desafíos especiales y preguntas que deben abordarse para seguir demostrando la importancia de El Núcleo de la Vida para sus vidas.

Explicando los cambios físicos y mentales de lo que les está ocurriendo a ellos puede ayudarles a comprender la importancia de alimentar su vida espiritual durante este tiempo. Incluso si se completaron la segunda etapa de entrenamiento (es decir, "los jóvenes"), quizás sería mejor ir a través de esto de nuevo con especial énfasis en sus nuevos conjuntos de problemas y batallas espirituales en una fase distinta de desarrollo físico y emocional.

La mayor cantidad de tiempo disponible en las escuelas es muy útil para la capacitación especializada, teniendo en cuenta los problemas especiales y situaciones a las que se enfrenta. Por ejemplo, a medida que se acercaban al final de su trabajo, se podría estudiar la elección de una carrera, elección de un compañero, etc., con el propósito de Dios en la mente.

El desafío es ir más allá del conocimiento de la Biblia. La Biblia necesita ser enseñada con un propósito. Los niños necesitan ver cómo se aplica para vivir una vida plena en Cristo.

> Toda la Escritura es inspirada por Dios, y útil para enseñar, para redargüir, para corregir, para instruir en justicia, 17 a fin de que el hombre de Dios sea perfecto, enteramente preparado para toda buena obra (2 Timoteo 3:16-17).

A menos que podamos enlazar estas verdades a sus vidas, entonces mirarán a estas verdades como irrelevantes, "ahí afuera", y es fácil de eliminar. Si podemos mostrarles la relevancia de la Palabra de Dios para sus vidas, sin embargo, una fuerte generación de jóvenes creyentes se desarrollará.

Siempre hay peligro de orgullo, incluso en el corazón del verdadero entrenamiento bíblico y adoración. Debido a su inmadurez, los niños son especialmente susceptibles. Con el entrenamiento adecuado, sin embargo, los niños (y adultos por igual) puede sacudirse de las tentaciones de ser arrogantes por centrarse en la alegría de humillarse sirviendo a otros. Esto va a frustrar el intento del diablo de frenar el desarrollo espiritual. Los niños respetan el desarrollo espiritual genuino que ven en otros.

Resumen

Las escuelas cristianas pueden ofrecer oportunidades de entrenamiento espiritual impresionante. El entrenamiento presencial junto con buenos mentores crea grandes tiempos de entrenamiento. Presentando una imagen constante de lo que Dios desea combinado con momentos significativos para afirmar estas opciones, los niños pueden identificar más fácilmente y aceptar los valores de Dios, rechazando el mal encontrado en el mundo.

Lección

Las escuelas cristianas K-12 tienen una oportunidad maravillosa para entrenar a los creyentes debido a su continuo contacto con ellos. Los mayores desafíos para estas escuelas son:

✦ Saber cómo manejar estudiantes incrédulos.

✦ Desarrollar material de entrenamiento para los jóvenes que maduran más lentamente debido a su edad.

✦ Ganar mentores transformados equipados con la visión de El Núcleo de la Vida.

✦ Adecuadamente estar conectados con los padres, iglesias y autoridades.

Memorizar y Meditar

- 2 Timoteo 3:16-17
- Efesios 3:16-19

Asignación

➡ ¿Alguna vez has estado en una escuela cristiana o escuela de casa? ¿Cuál fue el entrenamiento espiritual? Fue suficiente? Explicar.

➡ Estarían estas escuelas compitiendo con las iglesias si proporcionan la menoría en profundidad? Explicar.

➡ ¿Tiene alguna experiencia en tratar con niños incrédulos en una iglesia o en la escuela? ¿Cómo manejarlos? ¿Qué más puede hacerse?

➡ Es un administrador o maestro de una escuela K-12? Consideremos algunos de los retos para implementar estos cambios. Explicar cada uno. Comenzar a orar!

#39
Una Perspectiva de Largo Plazo

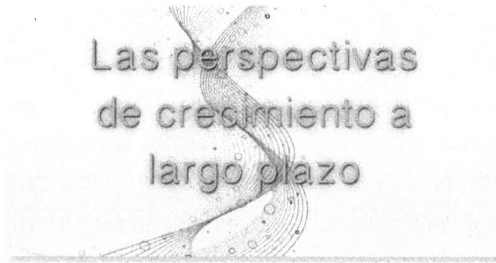

Las perspectivas de crecimiento a largo plazo

Así como el señor diseñó nuestros cuerpos para crecer y desarrollarse físicamente, así Su gente crece espiritualmente. El Señor también proporciona a cada creyente un conjunto único de intereses y regalos que dirigen ese individuo a su potencial que Dios le ha dado.

Si bien hemos presentado muchos desafíos, si nos detenemos con lo que se ha presentado hasta ahora, nuestra perspectiva acabaría siendo algo distorsionada. Hay otra etapa más allá de los tres que hemos discutido, una que necesita discernimiento espiritual que debemos abrazar.

En el tiempo venidero, Dios va a transformar nuestros cuerpos y presentarnos a sí mismo entero y completo, con nuevos cuerpos. Esto continuará en la eternidad. Para aquellos que perseveren, hay una corona de vida:

> Dichoso el que hace frente a la tentación; porque, pasada la prueba, se hace acreedor a la corona de vida, la cual Dios ha prometido dar a quienes lo aman (Santiago 1:12).

Una característica de la vida es que aspire a la continuidad, a vivir tanto tiempo como sea posible y perpetuar su existencia por medio de la reproducción. Aunque algunos enseñan que la muerte es normal, es muy falso. Si la muerte fuera solo otra parte de la vida, entonces los funerales no serían acontecimientos llenos de dolor.

Nuestras vidas espirituales alcanzan su cumplimiento y culminación cuando nos presentamos como una entidad completa y perfecta ante Dios en Su presencia. Jesús advierte a Sus seguidores a no pensar que lo que vemos en la tierra es lo que hay. La vida es más que nuestra experiencia en la tierra.

Vivir por la fe no sólo significa comprender la voluntad de Dios aquí en la tierra, pero justamente a priorizar lo que hacemos para completar Su voluntad con el poco tiempo que se nos dio. Esto sólo viene cuando vivimos a la luz de la eternidad. Entonces podemos comenzar a proporcionar acertadamente nuestro tiempo y concentrar nuestras energías en la tierra.

El entrenamiento a largo plazo

Nuestro concepto de eternidad forma enormemente no sólo la forma en que percibimos nuestro tiempo, sino cómo podemos entrenar a otros. Sin esta perspectiva subyacente de tiempo corriendo y moviéndose en la eternidad, nuestras prioridades siempre serán erradas. Me encanta la forma en que Juan lo pone:

> Amados, ahora somos hijos de Dios, y aún no se ha manifestado lo que hemos de ser. Pero sabemos que, cuando él se manifieste, seremos semejantes a él porque lo veremos tal como él es. 3 Y todo aquel que tiene esta esperanza en él, se purifica a sí mismo, así como él es puro (1 Juan 3:2-3).

Observe cómo la esperanza de lo que se puede además estimula nuestro desarrollo espiritual, especialmente en el área de pureza (pero que también moldea nuestro fruto). Cuanto más clara sea nuestra perspectiva de la verdad, más estaremos formados.

Esta futura transformación nos mantiene alerta en cuanto a lo que es más importante en la tierra. Toda la analogía de la vida es transformada por la verdad de la resurrección. La vida no es sólo lo que experimentamos aquí en la tierra, pero al estar conformadas por lo que será. La mayor esperanza que ensombrece nuestras actividades actuales y los sueños.

Buscando por la ciudad de Dios

Etapa #3 habla de la madurez, pero ese no es nuestro objetivo final. Es simplemente un patrón mientras en la tierra. Junto con la creación que gime y gime bajo sus actuales limitaciones (Romanos 8:18-22), por lo nosotros esperamos ser vestidos con las ropas de justicia y vivir en la presencia del Señor, apartados del toque del pecado.

> "Y no sólo ella, sino también nosotros, que tenemos las primicias del Espíritu, gemimos dentro de nosotros mismos mientras esperamos la adopción, la redención de nuestro cuerpo.." (Romanos 8:23).

Resurrección
Toda una Nueva Clase de Vida

Todo creyente debe estar completamente entusiasmado con las perspectivas de lo que Dios quiere hacer ahora en su vida aquí en la tierra, en la luz de nuestra transformación venidera. Comparado con la inmensidad de las futuras promesas de Dios, aquí los cambios son mínimos, aunque todavía es importante. No podemos, no nos atrevemos, sin embargo, minimizar nuestra vida espiritual y el desarrollo de la tierra. Sin una nueva vida, no hay vida eterna. Sin unirse a la familia de Dios, no podemos ser para siempre un miembro de su familia.

La rendición de cuentas por nuestro entrenamiento

Dios ha hecho de tal forma que nuestro desarrollo espiritual terrenal y lo que muestra el fruto aquí en la tierra, será en consecuencia será recompensado en el futuro. Esta es la medida por la que los creyentes serán juzgados cuando esta vida haya terminado. El discernirá nuestros esfuerzos y devoción. Dios va a comparar lo que podríamos haber hecho con lo que realmente hicimos.

Jesús en una parábola recordándonos las expectativas de Dios cierra por reprender al hombre que salvó su único talento, "pero su maestro respondió, y le dijo: " Su señor le respondió: "Siervo malo y negligente, si sabías que yo siego donde no sembré, y que recojo donde no esparcí,'" (Mateo 25:26).

Pablo usa esta imagen de siembra y crecimiento en 1 Corintios 3, "Y tanto el que siembra como el que riega son iguales, aunque cada uno recibirá su recompensa conforme a su labor." (1 Corintios 3:8). Dios examinará la calidad de nuestro trabajo de acuerdo a su nivel, no la nuestra.

> Su obra podrá verse claramente; el día la pondrá al descubierto, y la obra de cada uno, sea la que sea, será revelada y probada por el fuego. Si lo que alguno sobreedificó permanece, ése recibirá su recompensa. Si lo que alguno sobreedificó se quema, ése sufrirá una pérdida, si bien él mismo se salvará, aunque como quien escapa del fuego (1 Corintios 3:13-15).

Dios ha revelado muchos secretos sobre los asuntos espirituales, así como el futuro de las cosas. No hay duda de los muchos aspectos de la plenitud y la gloria de la vida que vamos a heredar. Él hizo alusión a ellos y nos asegura su plena revelación en una edad aún por venir (Marcos 10:29-30; Romanos 8:21). Estas verdades proporcionan una motivación extra para nosotros para alinear nuestras vidas, todo lo que hacemos y decimos, junto con nuestro entrenamiento a la luz de estas verdades eternas.

La vida se vuelve, después de todo, no sólo algo que Dios está causando a suceder a nosotros, sino también nuestras propias respuestas a lo que Dios nos ha dado. Tenemos un gran impacto sobre lo que va a suceder a nosotros en la eternidad por lo que hacemos aquí en la tierra y con qué espíritu lo hacemos. Esta breve vida actual de nosotros forma nuestro eterno futuro.

A veces nos sentamos con nuestros hijos y miramos viejas fotos o vídeos. Estos capturan escenas del pasado que provocan recuerdos de decisiones pasadas. Elegimos vivir en un país extranjero por el lapso de diez años. Mi esposa y yo también decidimos de hacer escuela en la casa para nuestros hijos. Estas decisiones se reflejan en nuestras vidas futuras y nuestras fotos y el modelo que hemos tenido como influencia. La eternidad será similar. La conexión de nuestras vidas eternas estará relacionada con lo que hemos hecho aquí en el tiempo.

Nuestra oportunidad

Nuestro propósito aquí en este capítulo es para recordarnos que hay mayores objetivos para nuestras vidas que el mero crecimiento para el motivo del crecimiento. Vamos a dar fruto que impacta en la vida que nos rodea. El fruto que procede de la intimidad con Cristo, no sólo de los ujieres de la luz y el amor de Dios en nuestro mundo pero las formas cómo Dios va a tratar con nosotros en la eternidad.

La mejor manera de ver la vida es como una serie de oportunidades para responder a Aquel que nos da la vida física y espiritual en primer lugar.

Buscamos eficaz entrenamiento divino, no sólo a causa de la recompensa prometida, que obviamente es una motivación, pero la alegría que experimentamos viendo a aquellos alrededor de nuestro éxito. Deseamos que ellos, como nosotros, echemos un vistazo de la gloria de la luz de vida de Dios, ser cambiados, crecer en la plenitud de Cristo, un fruto que permanezca (Juan 15:16), y maravillosamente disfrutar su desarrollo espiritual terrenal en la eternidad con el Señor y con nosotros.

Jesús, sosteniendo todo poder en el cielo y la tierra, simplemente nos dijo que hagamos discípulos porque no hay mayor bien que capacitar a otros para conocer y amar a Dios. Esto tiene grandes ventajas para nuestras propias vidas también. Esto es exactamente lo que hizo Jesús (Isaías 53:10-12) y lo que Él llama a sus discípulos a hacer. Hacer discípulos es muy importante para nuestras vidas, para el bienestar de quienes nos rodean y afecta directamente a la gloria de Dios revelada en la tierra.

¿Por qué es entonces que tan pocos están haciendo discípulos? ¿Por qué estamos tan fascinados con grados, conocimiento, asistencia, etc. y tan poco comprometidos con este concepto de la transformación de la vida? Nuestra falta de experimentar el poder de Dios en nuestras propias vidas tiene que ver con cuán rara vez buscamos la transformación de la vida de quienes nos rodean.

Lección

- Aunque hay tres etapas de desarrollo espiritual en la tierra, ese no es el fin. Vamos a experimentar una resurrección en una mayor y más gloriosa etapa eterna, como lo hizo Jesús.

- Seremos recompensados plenamente en la era que viene de acuerdo a nuestra vida y nuestro trabajo. Las consecuencias de no entrenar la piedad en el pueblo de Dios será trágico.

- Nos involucramos en el entrenamiento porque nos deleita a ver al pueblo de Dios que crece en su plenitud y a través de su crecimiento capaz de llevar mucho fruto que permanece.

Memorizar y Meditar

- 1 Juan 3:2-3
- Santiago 1:12

Asignación

➡ ¿Cuánto la eternidad influencia su propia motivación y devoción a servir al Señor?

➡ Meditar en Mateo 28:18-20. ¿Piensa que Jesús está esperando por nosotros para discipular para que Él pueda desencadenar más de Su poder sobre la tierra? ¿Cómo está Su autoridad conectado a Su mando?

➡ ¿Principalmente piense acerca de su propio crecimiento o el crecimiento de otros? Explicar cuál es el grado de su motivación y alegría que viene de ver el éxito de otros.

#40
La Fuerza de la Vida

Nuestro desafío en este libro es hacer que lo que es inobservable y real sea tan vívido que constantemente influencie la forma en que enfocamos nuestras vidas, especialmente con respecto a nuestro entrenamiento.

No sólo estamos observando un proceso de una manera clínica el camino que un biólogo lo haría. Un biólogo puede ver solamente sus experimentos; estamos llamados a experimentar la vida que Dios desea, no sólo investigarla.

Quizás, también nosotros, hemos cometido errores graves como los teólogos, pastores, maestros y líderes cristianos. Nos hemos centrado en nuestro servicio, pero hemos prestado poca atención a la vida empoderada dentro de nosotros y en los demás. El Núcleo de la Vida repetidamente se ha centrado en unas pocas cuestiones importantes:

➡ "¿Estamos equipando debidamente a otros para el ministerio y servicio?"

➡ "¿Hemos evaluado cuidadosamente lo que hace para líderes capacitados?

➡ "¿Por qué es que toleramos deficientes rasgos de carácter que arruinan toda esperanza de liderazgo de Dios?".

No importa a qué institución pertenecemos o qué iglesia local servimos, o incluso qué posición tengamos, lo que importa es que estamos discipulando a otros, para que ellos experimenten la transformación de la vida. (Yo uso el discipulado de manera amplia aquí para incluir predicación, enseñanza, consejería, visitas a domicilio, mentoreo, entrevistas, conversaciones con propósito que se centran en la transformación de la vida. El discipulado uno-a-uno es uno de los lugares más fáciles para ver que esto suceda.)

Si lo que hacemos no produce este cambio de vida, entonces necesitamos urgentemente para recalcular el qué y cómo hacemos las cosas, ya sea en nuestras vidas o a otras personas. Podemos enorgullecernos en nuestras escuelas, iglesias y números, pero sin la gente que refleja la imagen de Cristo y replicando el amor de Cristo y la luz de otros, nuestro trabajo es en vano.

Asumir el cargo

Nuestro reto es equipar a otros para que puedan y discipulen a otras personas en las tres diferentes etapas de crecimiento espiritual. Cada creyente pasa por estas etapas y así por no reinventar la rueda participamos en la metodología eficaz de Dios para el crecimiento.

> Nosotros anunciamos a Cristo, y amonestamos y enseñamos a todo el mundo en toda sabiduría, a fin de presentar perfecta en Cristo Jesús a toda la humanidad. Con este fin, trabajo y lucho con todas mis fuerzas

y con el poder que actúa en mí (Colosenses 1:28-29).

Pensando específicamente acerca de cada nivel y lo que Dios está haciendo en los creyentes en esas distintas etapas, podemos conocer mejor cómo trabajar junto a nuestro Señor.

La principal razón para la falta de discipulado en nuestras iglesias en todo el mundo parece tener la voluntad para desenganchar el mandato de Jesús de lo que hacemos. Nuestra solución será afirmar la vida de Dios, que ha dado a Su pueblo, depende de la voluntad de Dios para desarrollar esa vida, animar a Su pueblo a crecer en esas formas específicas y fomentar un espíritu de entre ellos para descubrir cómo Dios quiere que ellos hagan lo mismo con los demás.

¡Entusiasmado por crecer!

Una urgente necesidad de priorizar

Cambios significativos y positivos sólo llegarán cuando nos forzamos a nosotros mismos y a nuestras instituciones para priorizar este proceso de vida espiritual en nuestro entrenamiento. La integración de estos conocimientos clave en nuestro tiempo con estudiantes y personas es decisivo.

Si el pueblo de Dios no está creciendo, entonces nosotros como entrenadores estamos fallando. Una planta continúa creciendo, ganando en tamaño y madurez, con el objetivo de producir frutos y multiplicarse en sí. Si una planta deja de crecer, el amable granjero sabe que esto es casi siempre un signo negativo de la enfermedad o de la falta de agua y alimento, lo cual podría llevar eventualmente a la muerte.

La iglesia se enfrenta a un gran problema de no permitirle al pueblo de Dios a crecer. La tibieza es habitual. El problema se ve agravado por la entrenamiento de las escuelas cristianas, seminarios e iglesias que no propiamente producen líderes de Dios que saben cómo equipar a sus estudiantes en la vida de Dios y la intimidad con Dios.

Sin la creencia de que Dios puede cambiar a otros a crecer a su plenitud, entonces no habrá ningún entrenamiento de Dios. La iglesia será predeterminada a una pretensión de piedad y religiosidad que mata más en vez de que se centre en el autor de la vida y el desarrollo de la vida real que puede y debe ocurrir en todos los creyentes.

Cuando volvemos a afirmar lo que Dios está haciendo en nosotros a través de los procesos de la vida espiritual por el poder del Espíritu Santo, entonces vamos a ver la vida de Dios, una vez más, proliferan en nuestro medio. Este es El Núcleo de la Vida, el ADN de la iglesia. Puede que representamos como obreros de Dios y fomentar el crecimiento de las iglesias en el mayor escenario donde se produce la luz de Dios – este es nuestro objetivo final.

> ...¡Bendito sea por siempre su glorioso nombre!¡Que toda la tierra sea llena de su gloria! ¡Amén y Amén! (Salmo 72:19).

Lección

- A pesar de que el proceso de la vida espiritual está oculta de la vista, su verdad y su vía de desarrollo es conocida por Dios y recreada en el crecimiento físico.

- Toda la gente de Dios tiene una obligación seria para nutrir el crecimiento de su propia vida espiritual, así como en quienes les rodean.

- Como líderes en la iglesia de Dios, debemos cumplir la urgencia del mandato de Cristo y cambiar nuestras prioridades y actividades para asegurarse de que el pueblo de Dios está creciendo espiritualmente y aprendiendo a ayudar a otros a crecer para ser hombres y mujeres de Dios.

- Dios está muy dispuesto a trabajar con nosotros en esta tarea de nutrir la vida espiritual sin importar lo imposible que pueda parecer. Este es el propósito de Dios para Su pueblo, para crecer en su semejanza y dar fruto, y así cumplir Sus propósitos en la tierra.

- Dios es glorificado cuando nosotros, por Su gracia y compañía, comenzamos más a ser como Él, nuestro Padre, y llevar a cabo Sus buenas obras, "para que todos vean sus buenas obras y glorifiquen a su Padre, que está en los cielos." (Mateo 5:16).

Memorizar y Meditar

- Colosenses 1:28-29

Asignación

➡ Inicie donde usted se encuentra. Comprométase usted mismo en liberar la fuerza de vida de Dios en su propia vida y en aquellos que le rodean.

➡ Reconozca las áreas de incredulidad que ha sembrado en su propio corazón. Arrepiéntase de ellos. Aquí están algunas sugerencias. Confesar que "no tengo dudas de que...

- ...El pueblo de Dios es capaz de crecer al máximo.

- ...Dios está trabajando activamente para lograr Sus propósitos grandiosos de vida en mi vida u otros.

- ...este cambio de vida es importante.

- ...Puedo cambiar en una o más áreas de mi vida.

- ...Los principales propósitos de Dios del entrenamiento deben centrarse en torno a nutrir la vida espiritual."

➡ Reescribe Colosenses 1:28-29 en tus propias palabras y personalizarlo, (por ej. Usa 'yo' y 'mi').

➡ Conviértelo en tu más alto honor para traer gloria a Dios trabajando junto con Él para ayudar a Su gente a crecer y llevar a cabo Sus propósitos.

➡ Ponga una pausa y busque al Señor para ver si Él coloca los pasos inmediatos en su mente que usted necesita tomar. Enumérelos y ponga un tiempo junto a ellos cuando se iniciará su ejecución.

Apéndices #1-4

Apéndice 1: Guía para la Enseñanza Excelente

Este diagrama resume los dos grandes principios del Núcleo de la Vida. La iglesia raramente combina los conocimientos de La Analogía de la Vida junto con la Analogía del Crecimiento y, como resultado, el poder y la atención necesarias para la vida vibrante y ministerio que ha sido deficiente.

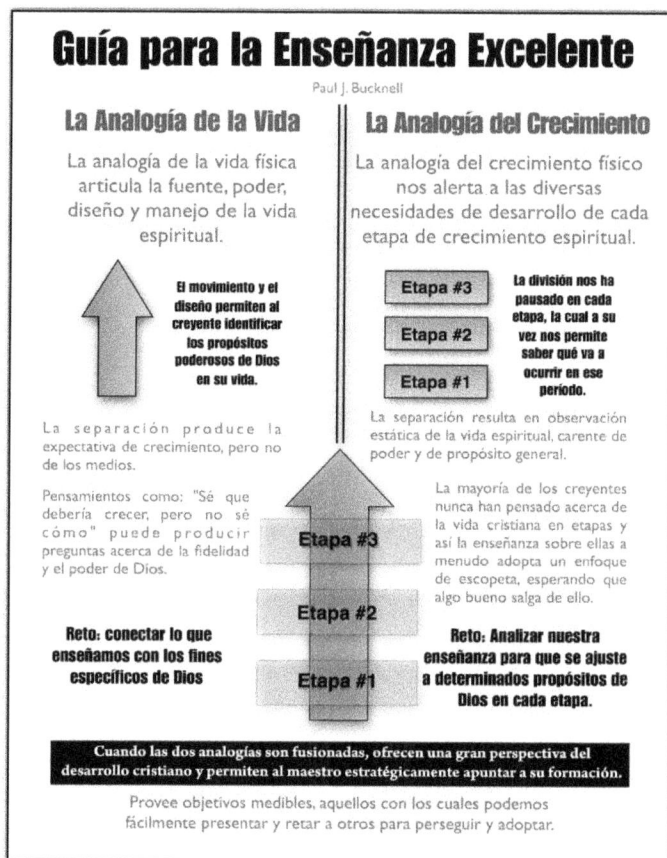

Guía para la Enseñanza Excelente

Paul J. Bucknell

La Analogía de la Vida

La analogía de la vida física articula la fuente, poder, diseño y manejo de la vida espiritual.

El movimiento y el diseño permiten al creyente identificar los propósitos poderosos de Dios en su vida.

La separación produce la expectativa de crecimiento, pero no de los medios.

Pensamientos como: "Sé que debería crecer, pero no sé cómo" puede producir preguntas acerca de la fidelidad y el poder de Dios.

Reto: conectar lo que enseñamos con los fines específicos de Dios

La Analogía del Crecimiento

La analogía del crecimiento físico nos alerta a las diversas necesidades de desarrollo de cada etapa de crecimiento espiritual.

Etapa #3
Etapa #2
Etapa #1

La división nos ha pausado en cada etapa, la cual a su vez nos permite saber qué va a ocurrir en ese período.

La separación resulta en observación estática de la vida espiritual, carente de poder y de propósito general.

La mayoría de los creyentes nunca han pensado acerca de la vida cristiana en etapas y así la enseñanza sobre ellas a menudo adopta un enfoque de escopeta, esperando que algo bueno salga de ello.

Etapa #3
Etapa #2
Etapa #1

Reto: Analizar nuestra enseñanza para que se ajuste a determinados propósitos de Dios en cada etapa.

Cuando las dos analogías son fusionadas, ofrecen una gran perspectiva del desarrollo cristiano y permiten al maestro estratégicamente apuntar a su formación.

Provee objetivos medibles, aquellos con los cuales podemos fácilmente presentar y retar a otros para perseguir y adoptar.

Cuando estas dos analogías son fusionadas, su poder sinergético viene a la vida. Juntos, revelan el poder del entrenamiento eficaz y presentan ideas revolucionarias trayendo mucho aliento en nuestras vidas y ministerios.[11]

---

[11] http://www.foundationsforfreedom.net/dll/Spanish/_res/tlc/la300-sp1.pdf

Apéndice 2: Las Analogías de la Vida

El mundo físico de Dios a menudo profundiza nuestra comprensión de las verdades espirituales. Dios hace que las más importantes verdades espirituales sorprendentemente sean claras cuando estudiamos las analogías de lo que Él da de por vida. Aquí hay cuatro analogías de la vida.

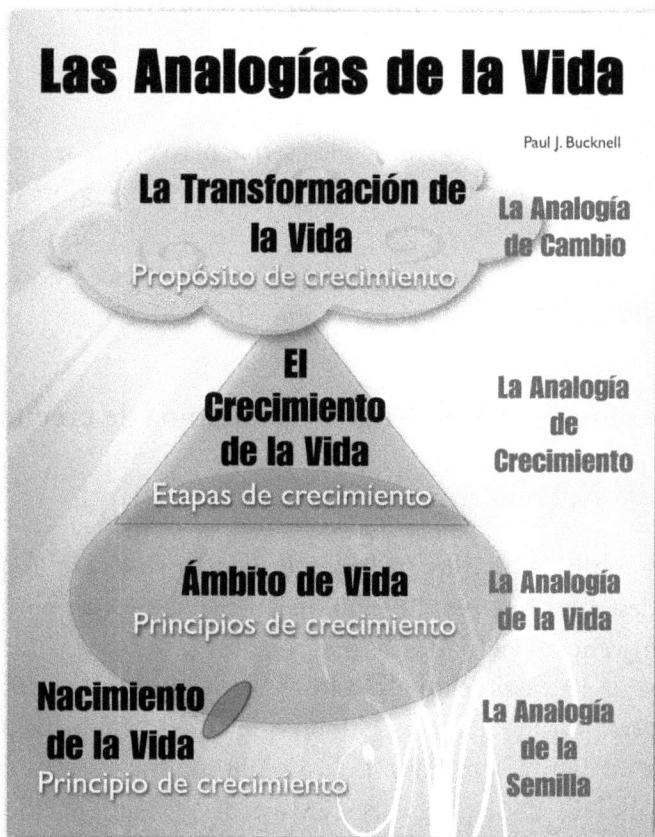

Las Analogías de la Vida

Paul J. Bucknell

La Transformación de la Vida
Propósito de crecimiento

La Analogía de Cambio

El Crecimiento de la Vida
Etapas de crecimiento

La Analogía de Crecimiento

Ámbito de Vida
Principios de crecimiento

La Analogía de la Vida

Nacimiento de la Vida
Principio de crecimiento

La Analogía de la Semilla

1. El nacimiento de la vida – La analogía de la semilla

Principios de crecimiento spiritual

"De cierto, de cierto les digo que, si el grano de trigo no cae en la tierra y muere, se queda solo; pero si muere, lleva mucho fruto. El que ama su vida, la perderá; pero el que aborrece su vida en este mundo, la guardará para vida eterna. (Juan 12:24-25).

"Pues ustedes han nacido de nuevo, y no de una simiente perecedera, sino de una simiente imperecedera, por la palabra de Dios que vive y permanece para siempre.." (1 Pedro 1:23).

2. La esfera de la vida – La analogía de la vida

Principios de crecimiento spiritua

"El que cree en el Hijo tiene vida eterna, pero el que se niega a creer en el Hijo no verá la vida, sino que la ira de Dios recae sobre él..." (Juan 3:36).

"Pero éstas se han escrito para que ustedes crean que Jesús es el Cristo, el Hijo de Dios, y para que al creer, tengan vida en su nombre" (Juan 20:31).

3. El Crecimiento de la Vida – La analogía de crecimiento

Etapas de crecimiento spiritual

Les escribo a ustedes, padres, porque han conocido al que es desde el principio. Les escribo a ustedes, jóvenes, porque han vencido al maligno. Les escribo a ustedes, hijitos, porque han conocido al Padre. Les he escrito a ustedes, padres, porque han conocido al que es desde el principio. Les he escrito a ustedes, jóvenes, porque son fuertes, y la palabra de Dios permanece en ustedes, y han vencido al maligno. (1 Juan 2:13-14).

4. La Transformación de la Vida – La analogía del cambio

Propósito del crecimiento espiritual

Pero Dios le da el cuerpo que quiso darle, y a cada semilla le da su propio cuerpo. No todos los cuerpos son iguales, sino que uno es el cuerpo de los hombres, y otro muy distinto el de los animales, otro el de los peces, y otro el de las aves. También hay cuerpos celestiales, y cuerpos terrenales; pero la gloria de los celestiales es una, y la de los terrenales es otra... Así será también en la resurrección de los muertos: Lo que se siembra en corrupción, resucitará en incorrupción (1 Corintios 15:38-42).[12]

---

[12] http://www.foundationsforfreedom.net/dll/Spanish/_res/tlc/la300-sp2.pdf

Apéndice 3: El Flujo

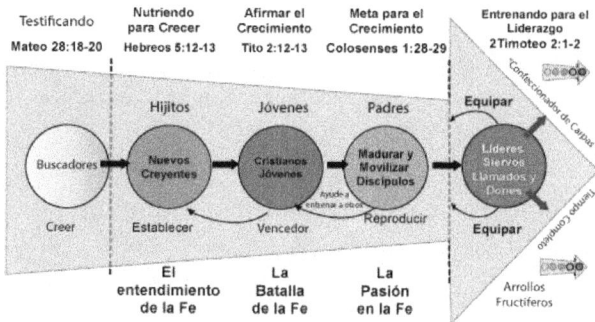

By Paul J. Bucknell and Hugo Cheng

El diagrama anterior de El Flujo de 1 Juan 2:12-14 captura ambas (1) el propósito poderoso de Dios por el movimiento de la onda junto con (2) los caminos de Dios, visto en qué ocurre en cada una de las tres etapas de desarrollo espiritual.

Las líneas punteadas no son técnicamente parte de la imagen vista en 1 Juan, pero añadimos las dos secciones, al principio y al final, para dar una imagen más completa de la iglesia. El etapa de buscador es donde Dios es incita a la gente a llegar a conocerlo. El punto final en el diagrama sirve como una amplificación de un subconjunto de la tercera etapa, que en gran medida determina la dirección de la iglesia. Estos equipadores, a tiempo completo o no, reinvierten sus energías a la edificación del pueblo de Dios.

El divino río vital fluye continuamente a Su gente a crear carácter divino en cada etapa y se ve mejor como su fe crece. Cuanto más se conoce a Dios mediante la fe, lo más cercano a Dios viven mejor y son capaces de llevar a cabo Su gran propósito. Toda la gloria a Dios quien inició y perpetuará Su santo trabajo. La existencia de esa verdad debe muchísimo despertarnos para responder al gran trabajo de nuestro

Señor en este mundo para que toque poderosamente nuestras vidas y entrenamiento.

Apéndice 4: Acerca del Autor

Paul ha trabajado como un sembrador de iglesias en el extranjero durante los años 1980 y pastoreaba en América durante la década de los noventa. Dios lo llamó a establecer Fundamentos Bíblicos para la Libertad en el 2000 y desde entonces ha estado activamente escribiendo, la celebración de seminarios de entrenamiento de liderazgo cristiano internacional y sirviendo en la iglesia local.

La amplia gama de materiales de Paul en la vida cristiana, el discipulado, la vida de Dios, entrenamiento en liderazgo, el matrimonio, la paternidad, la ansiedad, el Antiguo y el Nuevo testamento y otros temas de vida espiritual proporcionan una visión especial de los que están mezclados en sus numerosos libros y materiales de capacitación.

Paul ha estado casado por más de treinta y cinco años maravillosos. Con ocho hijos y tres nietos, Pablo y su esposa Linda continuamente ven desplegados de las bendiciones de Dios en sus vidas.

Para obtener más información sobre Paul y Linda y el ministerio BFF, comprobar en línea : www.foundationsforfreedom.net .

www.ingramcontent.com/pod-product-compliance
Lightning Source LLC
Chambersburg PA
CBHW071409090426
42737CB00011B/1405